人脈致勝

SOCIAL MASTER

發掘人際關係中的無限商機

龍梓煊，周冰冰 著

自信面對每次交流，建立深層連結，
讓每段關係都成為成功的助力

拓展廣闊的人脈，找到優質合作夥伴
找到個人優勢，建立強勢品牌
以禮待人，輕鬆應對各種場合
掌握社交圈整理術，挖掘身邊的隱藏資源
讓每一段人際關係都充滿價值

目錄

前言

Part1　透過高效社交，發現身邊的資源圈

好人緣是成事基本，要成事先結好人緣	012
社交圈整理術，判斷你有哪些寶藏資源	018
找人辦事，確定你的優質合作資源	028
利用弱連結，發現潛在的資源圈子	033
小人是關係中的「癌細胞」	040

Part2　在虛擬網路上打造高效社交

如何利用網路獲取更多資源	050
注重線上社交禮儀，獲得他人的好感	057
適當幽默，線上社交更輕鬆	065
用好社群，讓資源像滾雪球越滾越大	072
整合人際交往圈子，讓資源取之不盡	079

Part3　線上下打造社交高手

和陌生人交談，打造社交高手第一步	088
引起老闆重視，快速向上發展有效資源圈	096
妙用飯局，高效打造優質關係	105
選擇適合的社交圈，打造優質圈子不走彎路	113
善待競爭對手，任何人都能成為你的資源	118

Part4　提升自己，快速吸引有效社交

提升自我價值，高階資源會自己來找你	126
找到自己的優勢，吸引高品質社交圈	131
個人品牌差異化，讓他人印象深刻	136
講好「故事」，讓好資源更快發現你	140
制定雙贏方案，維護高品質人際關係	145

Part5　不焦慮不委屈,輕鬆建構高效社交

先改變自己,再改變關係	154
保持距離,人際關係更自在	159
你越「值錢」,你的人際圈子越優質	166
讀懂人心,和誰都能建立好關係	173
高情商溝通,讓自己更受歡迎	180

目錄

前言

前言

曾經有個人開玩笑說：「如果一個人很可憐，每個人都願意捐出1塊錢給這個人，這個人就會擁有很多錢。」雖然這是一個笑話，但轉念一想，也能從中看到一個赤裸裸的現實，那就是：你的成功，很可能不在於你個人的知識能力有多強，而在於你能連繫多少人。哪怕這些人只是給你提供了一點點幫助，你擁有的，都將超過你的想像。

在美國好萊塢，到現在都流行著一句話：「一個人能否成功，不在於你知道什麼，而在於你認識誰。」縱觀大部分的成功者，把成就歸功於學歷和能力的不多，反而可以看到其背後社交圈的重要性。正如香港商人李嘉誠先生所說：「人才取之不盡，用之不竭。你對人家好，人家對你好是很自然的，世界上任何人都可以成為你的核心人物。」

在現實生活中，人與人之間有著非常大的差距，這和個人在社會上的人際資源關係網有著很大的關係，畢竟一個人的力量是有限的。所以想要取得成功，你就需要找到能夠幫助自己的「貴人」，並且搭建一個極具競爭力的高品質的社交圈子。

本書透過豐富的案例、簡單實用的方法，幫助讀者發現自己身邊已有的資源，掌握線上和線下打造社交高手的方法和技巧；讓讀者學會如何提升自己，從而吸引資源；告訴讀者打造社交高手也可以很輕鬆，不需要焦慮，也不用委屈自

己。書中所講的種種提升自己、改善人際關係和擴展資源的方法，通俗易懂，並且隨學隨用。

英國偉大的作家狄更斯（Charles John Huffam Dickens）先生曾說：「這是一個最好的時代，也是一個最壞的時代。」對於能快速建構社交關係網的你而言，這必將是一個最好的時代，也是一個能快速獲取成功的時代。因為抓住了高效社交，就等於抓住了機會，擁有了與別人拉開差距的能力。

祝你能透過本書成為社交高手，擁有一個最好的時代。

前言

Part1
透過高效社交,
發現身邊的資源圈

Part1　透過高效社交，發現身邊的資源圈

好人緣是成事基本，要成事先結好人緣

當年導演許鞍華準備拍攝電影《投奔怒海》時，男主角本來選定的是周潤發，但周潤發因故不能出演，於是向製片人夏夢推薦了劉德華，他們曾經合作過一部電影。那時的劉德華還是個無名小輩，夏夢心裡沒底，結果林子祥和攝影指導鍾志文也推薦了劉德華。

於是劉德華在《投奔怒海》裡第一次出演男主角，由此開始在電影圈裡嶄露頭角，並逐漸成為華人圈「演而優則唱」的代表人物。

在未參與這部戲的拍攝前，劉德華雖然只是一個跑龍套的演員，不過他一直非常認真地做好自己應該做的工作。他拍每部戲都很認真、很拚命，因而給與他合作的人留下了敬業的深刻印象，也憑此獲得了出演《投奔怒海》的男主角的機會。

像劉德華一樣埋頭苦幹，努力把自己的工作做好的人非常多，但是劉德華為什麼可以獲得比他出名的這些人的推薦呢？

好人緣是成事基本，要成事先結好人緣

很簡單，因為劉德華做到了以下 3 點。而這 3 點，也是你應該學會的。

1. 品德與誠信是立足之本

香港富商李嘉誠在創業之初，第一桶金就是依靠自己的誠信換來的。有一次，一位外商想從李嘉誠這裡訂購大批貨物，但又擔憂李嘉誠的供貨能力，於是，提出讓李嘉誠尋找有實力的廠商或者個人替他做擔保。

但李嘉誠由於當時剛創業不久，沒有背景也沒有經濟實力，實在找不到擔保人。於是，李嘉誠只好將自己生產的樣品拿給外商看，並且很誠實地說：

「承蒙您對公司樣品的肯定，我和我的設計師的努力沒有白費。我是非常希望能與您合作的，可是我又不得不坦誠地告訴您，我實在找不到擔保人做擔保，我已經盡力了，很抱歉。」

外商被李嘉誠的真誠所感動，便說：「我這次來香港就是想尋找一位像您這樣誠實可靠的長期合作夥伴。閣下的真誠和信用，就是最好的擔保。」

但是李嘉誠又說：「承蒙先生的信任，我不勝榮幸，但

是我還是不能和您簽合約,因為我的生產規模非常有限。」

李嘉誠的這句話徹底征服了外商,他認為李嘉誠非常值得信賴,更加想與其長期合作,便提議說:「您真的是一位令人尊敬的可信賴的人,我可以預付貨款,為您擴大生產提供資本。」

就這樣,在外商的鼎力支持下,李嘉誠完成了生產規模的擴大工程,他的塑膠花很快就牢牢占領了歐洲市場,營業額及利潤成倍成長。李嘉誠不僅收穫了創業以來的第一桶金,還贏得了「塑膠花大王」的美稱。

回看李嘉誠的成功,可以分析出非常多的原因,但是最重要的原因是:他可貴的誠信。

李嘉誠有一句名言:「我絕不同意為了成功而不擇手段,如果這樣,即使僥倖略有所得,也必不能長久。」

人無信不立,業無信必衰,國無信則危。品德與誠信,不僅會樹立一個人的形象,還會讓其獲得一種無形的資本。這種資本就是你的資源,有了強大的資源,才能在做事情的時候,得到強大的支持,然後步步高昇。

好人緣是成事基本，要成事先結好人緣

2. 志同道合的夥伴是成功的基石

半個世紀以來，我們一步步見證了股神巴菲特（Warren Edward Buffett）的成功，但很少有人知道其成功背後，都離不開他那個志同道合的合夥人——查理・蒙格（Charles Thomas Munger）。

巴菲特曾說過：「我是蒙格的眼睛，蒙格是我的耳朵。查理・蒙格在推動我尋找價格合理的好公司，而不是價格高的好公司方面，對我有相當重要的影響。」

巴菲特把蒙格稱為「從認識開始就是心靈夥伴」，並認為「他比我擁有更廣的理解能力，他非常擅長將非常重要的理念濃縮為幾個字」。

能被巴菲特如此看重的合夥人，也必將是一位有著非凡智慧的人。兩個人能走到一起，不僅僅是因為兩個人都很聰明，更為關鍵的是兩人志同道合，他們有著共同的閱讀愛好，喜歡從各大商業雜誌上了解商業資訊和學習商業經驗。正因為這樣，他們兩人才能成為最優秀的合作夥伴。

蒙格認為，知識是判斷的依據。但到底是蒙格豐富的知識儲備量為巴菲特的判斷提供了依據，還是巴菲特的需求催化了蒙格對更多知識的探尋？我們無法分清，但是可知的

是，對知識的共同需求，維護了他們合作的基礎。

除此之外，他們兩人還有一個相似之處，就是擁有堅定的意志力和敏銳的洞察力。巴菲特認為，良好的心理素養是投資活動必不可少的條件，而他對合作夥伴的要求也是如此。因此就心理成熟和抗壓能力而言，蒙格和巴菲特是絕佳的合作夥伴。

這個世界，沒有完全相同的兩片葉子，也不會有兩個完全相同的人，所以每個人都有自己的想法。

但是在大是大非面前，兩個人能想到一起，只有志同道合的人才可以做到。正所謂道不同不相為謀，有時候你能得到「貴人」的認可，就是因為你的想法和「貴人」的想法是一樣的。所以他們才會為你提供物質或者精神上的幫助，成為你身邊實在的「貴人」。

3. 先付出可以幫助你成就好人緣

某教育科技集團的創始人在大學期間，每天堅持打掃宿舍的衛生，並且替同學打熱水、洗衣服。多年後，他成立了公司，他需要合作夥伴，於是他的大學同學們放棄了國外優越的待遇，選擇回來幫助他。

好人緣是成事基本，要成事先結好人緣

他們當時回來的理由並非是開了多優厚的待遇，而是：「就憑你當年為我們打了那麼多次開水，洗了那麼多件衣服，這個忙我們也必須幫。再說你的人品我們都了解，相信你絕對不會虧待我們的。」

正是因為有了這些同學的支持，該教育集團才能發展得如此迅速，成為同行中的佼佼者。

很多時候，你的身邊有很多人，他們看起來很普通，所以你經常會忽略。但普通人也有不普通的地方，你需要學會發掘他們的優勢和價值，然後學會幫助他們成功。如果你急於求成，希望自己身邊的人，全部都是為自己帶來成功的「貴人」，這樣的想法就大錯特錯了。

因為你本來就是普通人，你也只生活在一個普通的圈子裡，不可能突然就有好運砸中你。除非你本身就在一個高階的社交圈子中，遍地是機會。否則，先學會奉獻，並善於培養個人的社交圈子，挖掘同頻道的社交圈子，只有這樣，才能讓那些你曾經做不到的事情，變成可能。

所以，你在一直抱怨身邊沒有「貴人」的時候，也要反思一下，你自己曾經是否有對身邊的人奉獻過什麼。當你成為一個樂於奉獻，樂於為他人著想的人時，在關鍵的時候，你才能得到「貴人」相助。

Part1　透過高效社交，發現身邊的資源圈

社交圈整理術，判斷你有哪些寶藏資源

美國好萊塢很流行一句話：一個人能否成功，不在於你知道什麼，而在於你認識誰。

曾經有一個出版商，有一批賣不出去的書讓他很頭痛。後來他想到了一個好辦法，把書寄了一本給總統，並且三番五次地問總統的讀後感。

總統不想要麻煩，就回覆這位出版商說：「這本書不錯。」出版商非常開心，馬上就廣為宣傳：「這是一本連總統都喜歡的書。」這批書馬上就被搶購一空了。

沒過多久，出版商又遇到了相同的問題，於是他故技重施，這次總統沒像之前一樣順著他的心意，而給他回覆說：「這本書太糟糕了。」誰知道這個聰明的出版商再次大做宣傳：「這是一本連總統都討厭的書。」不用說，這批書再次被一搶而空。

第三次，出版商再次寄書給總統，希望總統給些回應，但總統這次不打算再理會這個出版商了。這個出版商等了幾天，發現總統沒有給自己回饋，他做了一個震驚總統的宣

社交圈整理術，判斷你有哪些寶藏資源

傳：「這是一本連總統都無法下判斷的書。」這批書再次被搶購一空。總統對此哭笑不得。

這位聰明的出版商的三次成功，正好印證了美國著名的人際關係學大師戴爾・卡內基（Dale Carnegie）曾提出的觀點：「一個人的成功，只有15%是由於他的專業技術，另外的85%要依靠人際關係。」

一個競爭力強的人，比別人強的地方是他所擁有的有效資源比別人多，所以他距離成功與財富就比別人更近。而身為普通人的你，又該如何判斷自己擁有多少資源呢？又怎麼把你認識的人變成資源呢？

在得到答案之前，我需要你認真想想以下問題：你是如何使用你手機裡的通訊錄的？

手機是近代偉大的發明之一，而且它的普及率極高，基本上人手一部。可以說，你隨時隨地都可以透過手機存上對方的聯絡方式。

但是大部分的人，可能只是利用通訊錄打個電話，從來沒有更多的想法。但事實上，只要你妥善使用，手機通訊錄對於整理人際關係是很有幫助的。

下面我就教大家，如何判斷自己擁有多少寶藏資源。

> Part1　透過高效社交，發現身邊的資源圈

1. 聯絡人標籤整理

　　就和年底大掃除一樣去整理你手機中的社交軟體和通訊錄裡面的聯絡人——為聯絡人貼上適合的標籤。

　　你有試過給你的社交平臺，或者通訊錄上的聯絡人做分類標籤嗎？大部分人為自己的通訊錄做標籤分類的時候，都是按照家人、高中同學、大學同學、公司同事、前公司同事等來標注的。

　　但事實上，分類這件事情，只有在呈現出「用途」時，才會有存在的價值。這個用途，指的就是你和對方之間有價值互動的作用。

　　小A是一個設計師，她的生意絕大部分來源於朋友介紹，或者是參加的某些社群活動、線下聚會。所以她的生活中經常出現很多不同的人，有些人可能就只有一面之交，再沒有交集。就算小A想和對方深交，也往往沒有什麼進展。

　　小A的手機裡也有很多群組，比如大學同學、朋友、義工朋友、讀書會同學等。我問她：「你為什麼想拓展你的社交圈呢？」

　　她說：「我想找一個可以長期合作的合夥人，同時我也想找一個可以投資我的投資人。」

社交圈整理術，判斷你有哪些寶藏資源

知道她的需求後，我打開了她手機的社交平臺和通訊錄。讓她給自己的聯絡人增加 3 個標籤：潛在的客戶、潛在的合夥人、潛在的投資人。然後再讓她把現在所有的聯絡人，按照這 3 類進行分組。

分類後，小 A 很驚喜地說：「沒想到，我潛在的合夥人居然有 80 個。」

只是簡單地根據自己的需求去建立標籤群組，一個普通的通訊錄，就變成了你的資源聯絡本。

當然，分類並不是指一味地貼標籤，而是在不同時期，重新定義你們之間更適合的關係模式。你可以試想一下，一個很會尋找美食的前同事，與其把她歸類在「前同事」中，不如把她歸類在「美食家」的標籤組中，這樣是不是更有價值？

如果某天你有異地的客戶來本地出差，你就可以快速在「美食家」標籤組裡找到你的美食顧問，搜尋到本地最道地的美食和地址。這個美食顧問，不僅為你提供了便利，還幫你在客戶心中留下了好印象。

增加群組這樣的簡單行為，會為你的人際關係帶來全新的變化。同時這樣的分類，也會賦予你的人際關係一個全新的定義。

以下這個表格,可以幫助你參考製作屬於你的標籤群組。

聯絡人標籤群組分類(範例)

姓名	周海	馮宇真	蔡嘉嘉	……	……	……
職業	網際網路公司老闆	員工溝通講師	海報設計師	……	……	……
公司	T公司	自由職業者	B公司	……	……	……
電話	13000888	13876666	137770087	……	……	……
ID	937628	764293	8751937	……	……	……
如何認識	莎莎的聚會上	公司培訓	海報設計兼職	……	……	……
分類	潛在投資人	潛在客戶	潛在合夥人	……	……	……
備註	喜歡看電影	經常到處飛	設計風格不錯	……	……	……

2. 人際關係斷捨離,刪除不必要的聯絡人

俗話說:多個朋友多條路,朋友多了好走路。但不是朋友越多就越好。

聖賢家孔子有言:「益者三友,損者三友。友直,友諒,友多聞,益矣。友便辟,友善柔,友便佞,損矣。」

社交圈整理術，判斷你有哪些寶藏資源

　　孔子的意思是說，和正直的、誠信的、見聞廣博的人交友是有益的，和逢迎諂媚的、表面柔順而內心奸詐的、花言巧語的人交友是有害的。

　　連孔子這樣的聖賢之師，交友時都會有所選擇，普通人就更不能來者不拒了。

　　在日常生活中有幾種朋友是一定要避免深交的，因為這些類型的朋友，不僅不會帶來好的發展，還會帶來糟糕的生活體驗和損耗。

(1) 常年傳遞負能量的人，不是抱怨老闆就是抱怨老公，不是抱怨孩子就是抱怨父母，在他們嘴裡，從來沒有聽到過一句好話，永遠都是各種抱怨。

(2) 從來都是只顧自己，不顧他人感受，認為自己的需求凌駕於所有人之上的人。

(3) 做人沒有誠信，做事情容易出錯，隨時給你「挖洞」的人。

(4) 話不投機，價值觀完全不同，又不願意接納他人不同觀點的人。

　　不要以為你傾盡所有，就能得到同等的回饋，對誰都好，其實誰都不會覺得你好。在心理學中，有一個心理概念——聖母情結，又叫聖母型人格。

具有聖母型人格的人患有某種程度的強迫症，即使別人沒有提出要求，他們也會自願做出幫助別人的事情，哪怕這件事會令自己痛苦。他們會幫自己找好理由，這個理由通常是「這樣做會為自己樹立一個好的形象」「這樣做會為別人帶來好處」。

通俗地說，就是無原則地對某人或某事好，而不管那個人或那件事到底值不值得自己付出。他們總是對他人有求必應，並且一旦停止這樣做，就會覺得非常內疚。

心理學教授維基·赫爾格森發現，一個人如果一味付出，而忽略自身的需求，便會對自己的身心造成一定程度的危害。為此，學者們進行了研究，研究結果顯示，人只有在維持自己與他人之間利益平衡的狀態下，才能感受到快樂，並且對生活有明顯的滿足感。

所以你要學會擺脫聖母情結，最好的辦法就是學會勇敢說「不」。

每個人的心靈就像一個儲水池，而這個儲水池儲存的就是你的心靈能量。在人際關係中，這種心靈能量也是非常寶貴的資源。而總是給你帶來負能量的「損友」，就會像水蛭一樣，附在你的身上，把你的正面能量慢慢吸走，讓你變得充滿負能量。

因此你要學會分辨哪些人是水蛭一樣的「損友」，哪些

社交圈整理術，判斷你有哪些寶藏資源

人是能幫你補充正能量的「良友」，這樣你就會知道，要將誰拉入你的黑名單了。

3. 善用名片和名片整理

在世界推銷大師喬‧吉拉德（Joe Girard）的眼中，名片相當於一件利器，他所到之處，就會向人們遞送名片，隨時隨地「推銷」自己，這竟然成為他成功銷售汽車的祕訣。

在他看來，名片就像錢包，哪天自己忘記帶了，就會渾身不自在。就算是在吃飯付小費的時候，他都不忘順帶附上一張自己的名片給對方。在寄送信件或者明信片給人的時候，他也會附上一張自己的名片。

他說：「我在不斷地推銷我自己，而沒有將自己封閉起來，我要告訴我認識的每一個人，我是誰，在做什麼，在賣什麼，我要讓所有想買車的人都知道應該和我聯絡。我堅信推銷沒有上下班，但是很多銷售人員往往意識不到這一點。」

名片為喬‧吉拉德累積顧客資源立下了汗馬功勞，也為他贏得了空前的成功。他一生總共賣了 13,001 輛車，其中最高單月銷售紀錄為 174 輛，相當於平均每天賣出 6 輛汽

025

車。這個紀錄自他 1978 年 1 月宣布退休後,至今還沒有人能打破。

當然,不光發名片有利於更多的人認識你,別人給你的名片也將是你開發資源的工具。管理好他人的名片,你也可以從中找到你需要的社交資源。

耶魯大學管理學院院長喬爾‧波多尼(Joel M. Podolny)就曾對名片發表過自己的看法:「這東西能時刻提醒你,你跟別人的連繫,你是誰,你又做了些什麼事情。」

一張小小的名片,背後有大大的機會。很多人認為交換名片只是一種社交習慣,對名片並不重視,最後往往因此錯失了重大的機會,並後悔不已。

很多時候,做好名片的分類和整理,就等於你已經成功了一半。在對名片做整理的時候,你可以區分成「有用的」、「沒有用的」、「可能以後有用的」3 種。

(1) 有用的名片包括:同行、有業務交集的夥伴。

(2) 沒有用的名片包括:曾經只聯絡過 1 到 2 次,就再沒有聯絡的人,你可能現在連對方在哪裡工作都搞不清楚了。如果是這樣的人,那你就可以毫不猶豫地把他的名片扔進垃圾桶。

(3) 可能以後有用的名片包括:暫時不聯絡,但說不定

社交圈整理術，判斷你有哪些寶藏資源

以後可能有交集的人的名片。

做完這些後，接下來你就要在手機裡建立聯絡人群組。要記住，名片上的資訊一項都不可以缺少，甚至可以備注你們是在哪裡認識，在哪裡拿到對方名片的。

人的記憶能力是有限的，人類學家羅賓·鄧巴（Robin Dunbar）的鄧巴數（Dunbar's number）研究顯示，人類的腦力，允許一個人最多只能和 150 個人維持緊密關係。所以當你的大腦容量不足的時候，手機備注就是最好的記憶方式了。

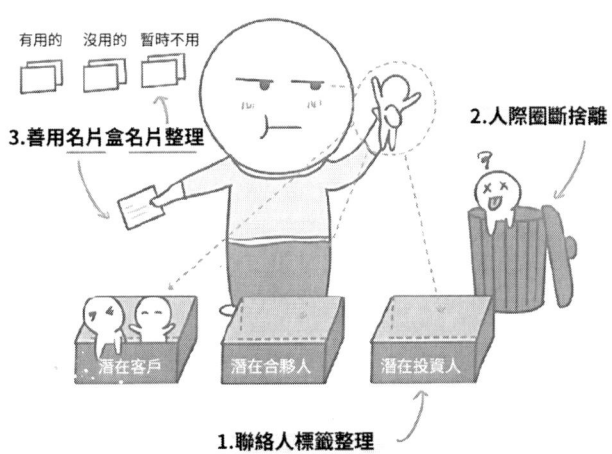

Part1　透過高效社交，發現身邊的資源圈

■ 找人辦事，確定你的優質合作資源

　　小王的老闆張總，是地方著名基金會的創始人。一次，張總指定要見某科技公司的執行長老彭。兩人暢談 3 小時，結果卻不歡而散。小王很不解，就去問老彭是怎麼回事。

　　老彭也很坦率，說：「張總人很好，非常有風度而且博學多才。但是他只是在和我閒聊，而我認為時間就是金錢，效率就是生命。我大老遠跑來，能談投資就談投資，投資時機不成熟就談一下合作框架，好不容易過來見個面，哪有那麼多時間浪費？」

　　張總也很無奈，說：「我只是想認識他啊，跟他才第一次見面，建立信任需要時間啊，先成為朋友，關係逐漸加深，以後才好互相幫忙，現在怎麼好談生意呢？」

　　兩個人都說得有道理，小王一時竟無言以對。

　　故事中的張總和老彭都是有實力的人，但都不是對方的優質資源。原因在於，兩人不在一個頻道上。

　　找人辦事，是最快促使兩人站在同一個頻道上的方式。但要找人辦事也需要懂技巧，以下有幾個技巧是你需要知道的。

找人辦事，確定你的優質合作資源

1. 找對的人辦事

首先你需要明白，解決你的問題需要什麼樣的資源和能力，你要找的人，他一般會在什麼公司或者部門就職，他的職位是否對解決這個問題有幫助。

小米想辦點事，但是自己又不認識可以辦這件事情的部門的人。有個同事介紹了這個部門的李科長給小米，於是小米趕緊前去拜訪，溝通很順利，李科長答應幫忙。

但是過了半個月，問題還沒解決，小米催了很多次，最後李科長連小米的電話都不接了。

後來小米經過打聽才知道，原來對於小米想辦的這件事，這個李科長是做不了主的。

在這個故事中你要明白一個道理，求人辦事，不一定每次一求就中，但是如果你明確自己的問題，然後去求人辦事，最起碼你會先有個心理預期，會在和對方溝通的過程中去了解清楚實際情況，對這個人是否可以辦得了這件事情有一個大概的判斷。

Part1　透過高效社交，發現身邊的資源圈

2. 從對方角度出發

　　從前有個老頭和他的老太婆，住在藍色的大海邊。他們住在一所破舊的泥棚裡，老頭撒網打魚，老太婆紡紗結線。有一天，老頭向大海撒下漁網並捕到了一條金魚。金魚開口向他求饒，並許諾會給他報酬。善良樸實的老頭並沒有索要報酬而是直接放走了金魚，回家後被得知此事的老太婆臭罵了一頓。老頭只得按照老太婆的要求重新去找金魚，並向它許願要一個新的木盆。金魚滿足了他的願望，老太婆卻不肯就此罷休，又想要新的房子、豪華的宮殿……金魚一次又一次地滿足了她，可異想天開的老太婆竟然還想成為海上的女王，要金魚成為她的奴僕。然而這一次，金魚沒有成全她的貪婪，而是搖搖尾巴游向了大海深處。最後，老頭和老太婆連最開始那個新木盆也沒有得到。

　　這是一則俄羅斯的寓言故事，故事中的老太婆貪得無厭，一而再再而三，不顧金魚的立場，對金魚提出過分的要求，最終，他們再次一無所有。就和現實一樣，求人辦事時，如果你絲毫不顧及對方的立場、精力等因素，那麼你的事情，也一定不會辦好。

　　所以，找人辦事時，也一定要牢記這個教訓。在託人辦事時，一定要從對方的立場和精力、能力出發，去考慮辦事

找人辦事，確定你的優質合作資源

的難易程度和方便性，這樣才能降低失敗的機率。當你能為對方考慮，對方也會為你考慮，這樣才能獲得真正的友誼，從而把事辦好。

3.「告知」而不要「請求」

小毛是一位剛從事保險行業的業務員，一進公司，公司培訓就提醒小毛，賣保險，重點不是賣，而是告知。小毛聽了一頭霧水，百思不得其解，就去問前輩，為什麼是告知，而不是賣？

前輩告訴小毛，早些年從事賣保險的新人，總習慣先去請求身邊的親友們買一份保險。但事實上，這種請求，就變成了你需要他們去幫助，而不是你能幫助他們。

如果做到只是告知而不是請求，那麼當對方真的有這樣的需求時，他肯定會立即想到你，然後向你詳細了解；如果對方並沒有需求，那大家也不尷尬。這比直接請求對方的成功率更高，而且不損害人際關係。

聽到這裡，小毛恍然大悟。

使用告知，而不是請求，放到找人辦事中來看，就是一種非常委婉的表達方式，更容易達到目的。在《紅樓夢》

中，劉姥姥就把這個方法用得淋漓盡致。

劉姥姥因家境困難，想到賈府來尋求救濟。她先是見到了管家周瑞家的，但並沒有直接道明來意，而是說：「原是特來瞧瞧嫂子妳，二則也請請姑太太的安。若可以領我見一見更好，若不能，便借重嫂子轉致意罷了。」

周瑞家的聽了，也就大概猜到劉姥姥來的意思了。想起之前劉姥姥的女婿王狗兒對自己家相公的助力，她便領著劉姥姥二進大觀園，這使得劉姥姥後來的日子越過越好。

話又說回來，如果一開始劉姥姥一見面就直接向周瑞家的提出救濟的請求，這對於周瑞家的來說便是一件難事，因為這個家不是她做主的，而且以王熙鳳和王太太的厲害，更有可能要讓劉姥姥白跑一趟。但是劉姥姥高情商地表示「只是過來瞧瞧嫂子妳，也給各位太太請個安」，這讓周瑞家的沒有多大壓力，就順理成章地幫忙了。

告知但不是請求，這是一種非常巧妙的方法。很多人常覺得求人辦事是一件很讓人難堪的事情，所以請求的話很難說出口，但使用這種方法，就可以讓你避免尷尬。同樣地，如果對方沒辦法幫忙，也不會尷尬，更不會破壞你們雙方的關係。

利用弱連結，發現潛在的資源圈子

1973 年，美國社會學家馬克・格蘭諾維特（Mark Granovetter）提出了弱連結理論。他的研究顯示，16％的人的工作是由經常見面的人介紹的，55％是由偶爾碰面的人介紹的，27％是由幾乎沒見面的人介紹的。換句話來說，介紹工作的人多是弱連結的人。

所謂的「弱連結」，指的是在你的日常小圈子以外的人群。

如果你不是一個億萬富翁，你又怎麼可以和億萬富翁交往呢？這就得看你的弱連結能力了。

世界很小，小到讓你吃驚。尤其在社群平臺出現後，你會發現這個世界以及你的圈子到底有多小。很多時候，你點讚一條貼文，你會發現還有其他的好友也在為這條貼文點讚，但之前你完全不知道他們認識。

美國心理學家米爾格蘭（Stanley Milgram）曾經在《今日心理學》（*Psychology Today*）雜誌上發表了一項研究成果：世界上任何一個陌生人之間其實只隔了 6 個人。換言之，平均只要透過 6 個人，我們便可與世上的任何一個人相連繫。這

> Part1　透過高效社交，發現身邊的資源圈

就是風靡一時的人際「六度分隔理論」（Six Degrees of Separation）。

雖然這個過程實踐起來不簡單，但是試想一下，如果因為認識某個人就會改變你的一生，那麼你還會覺得這個過程困難嗎？別說透過 6 個人去認識，就是透過 16 個人、60 個人，你大概也會願意嘗試的。

15 年前，我有一個朋友的妹妹很喜歡張學友，但她的家境非常一般，別說去香港聽張學友的演唱會了，早年連張學友的 CD 她都沒有錢買，只能拿著一臺二手錄音機把電臺播的張學友的歌錄下來，不斷循環播放。

她不認識娛樂圈的人，身邊認識的人也幫不上忙，但是她有一個非常強烈的願望，希望可以拿到一張張學友的親筆簽名照。

由於她的願望是如此強烈，她的姐姐和我講了她的這個願望。非常巧的是，我認識一個張學友的粉絲，他是張學友歌友會的會員。於是透過他，我們聯絡上了歌友會的會長，並且經過歌友會的會長，聯絡上了張學友本人。最後，這個妹妹不僅得到了張學友的親筆簽名照，還拿到了一張正版《雪狼湖》簽名 CD 和一張祝福卡片。

當時朋友的妹妹做夢都沒有想到，自己的願望能實現。

利用弱連結，發現潛在的資源圈子

她覺得自己原本和張學友遙不可及的距離，如今變得觸手可及。

這是真實發生在我們身邊的故事，我相信這世界上無時無刻不在發生著這樣的弱連結改變人生的故事。那麼我們如何擴大自己的弱連結呢？可以做以下 3 件事。

1. 善用你的三度關係網

世界頂級人際關係資源專家哈維・麥凱（Harvey Mackay）當年拿到大學畢業證後，找不到工作，後來是父親為他帶來了一個工作的機會，也是這份工作成就了哈維後來的事業。

哈維的父親原本是一位記者，有一次為一位因稅務問題被冤枉入獄的某知名辦公家具製造公司的董事長寫了一些公正的報導，這使得這位董事長非常感恩哈維的父親。所以當董事長知道哈維大學畢業卻沒有找到工作的時候，他就主動給哈維的父親建議，希望哈維到他的公司來工作。哈維後來也成了一家知名辦公家具製造企業的老闆，他每每回憶起當年的事情時都會感慨地說：「如果沒有當年那位董事長的重用，恐怕我也不會有今天。」

哈維‧麥凱的故事給了我們一個重要的提醒：三度關係不容小覷。

三度關係是指，你──認識你和認識對方的人──對方，就像故事中的哈維──哈維的父親──董事長。這個三度關係中的中間人，也有可能是兩個人。

人的一生，每天都在和不同的人打交道，不要輕視你身邊任何一個人，因為你所認識的任何一個人，都有可能成為你生命中的「貴人」，成為你事業上重要的助推力。就像穿著囚犯服的董事長，便是哈維生命中至關重要的「貴人」。

2. 有目的地多參加一些培訓課程

李先生是一家大型健康減肥訓練基地的老闆。他聽說某總裁培訓班下個月將在上海開課，馬上讓助理幫自己報名。經過多次面試和確認，李先生終於拿到了聽課證。

助理很好奇，問老闆為什麼那麼重視這個總裁培訓班。李先生解釋，他參加總裁培訓班並不是為了要當總裁，而是為總裁培訓班中的同學去的。他的主要目的就是認識更多的人，得到更多的機會，為自己以後在其他城市開連鎖店累積資源。

李先生的確非常有遠見，只是短短幾天的課程，他就已經為公司找到了兩位可以合作的合作商，並建立了策略合作夥伴關係。

社會上各式各樣的培訓非常多，參與和自己工作相關的培訓課程，不僅可以幫助自己開啟思維，開闊眼界，還可以讓自己和李先生一樣，拓展人際關係資源圈。

有些人也會認為：參加這些培訓班是浪費錢。但事實上，現在花錢是為了將來可以少花錢或者不花錢。參加培訓班，你可以花最少的時間學習到最有價值的知識，還可以交朋友，找到自己的「貴人」，這樣的錢花得很值得。

但是，這並不是要你隨便報名培訓課，一定要有所選擇，只有這樣，你才能結交到對你來說有重要作用的朋友，成功擴充你的有效資源。

3. 多結識交友廣泛的朋友

盧卡在美國紐約一家公司裡做了 5 年的會計工作。因為盧卡的業務能力非常好，所以公司上下和客戶都對他非常認可。但對於盧卡本身而言，他希望自己能獲得更好的發展，希望能到大的公司繼續提升自己的業務能力，所以他開始對

> Part1　透過高效社交，發現身邊的資源圈

外投履歷，也和一些職業介紹所聯絡，但很久都沒有得到讓他滿意的回覆。

於是盧卡決定透過自己身邊的朋友關係網來辦這件事。他把自己的朋友做了一個分類，在其中列出了他認為可以幫到自己的人。最終盧卡確定了一個目標人選：表妹的朋友南希。

南希是一位很喜歡參加和舉辦各種聚會的女生，因此她認識非常多的人。盧卡致電南希，向她表達了自己的需求，並請她幫助自己。

不久後，透過南希的介紹，盧比認識了在紐約律師圈子很有影響力的卡爾尼先生。之後透過卡爾尼先生的介紹，盧卡又認識了紐約一家非常知名的職業介紹所的總經理。透過這位總經理，盧卡最終獲得了一份滿意的工作。

可見，多認識和結交交友廣泛的朋友，並且與其建立良好的關係，在生活中就可能獲得更多新機遇，成功的機率也會更大。

每個人的發展，無論是職位的升遷還是工作的發展，其實都得益於你各方面的社會關係。

利用弱連結，發現潛在的資源圈子

做三件事擴大自己的弱連結

你　認識你　認識對方
善用你的三度關係網

有目的地多參加培訓課程

很高興認識你
多結識交友廣泛的朋友

Part1　透過高效社交，發現身邊的資源圈

小人是關係中的「癌細胞」

齊國有個叫夷射的中大夫，在齊王那裡侍酒，喝得酩酊大醉後出來，倚靠在廊門上。一位受過刑的守門人請求說：「您能賞給我一點吃剩下的酒嗎？」夷射斥罵道：「滾！受過刑的人竟敢向尊長要酒喝！」守門人慌忙退下。

等到夷射離開後，守門人就把水潑在廊門的簷溝下，像尿溼的樣子。第二天，齊王出來看見了，怒責道：「誰在這裡撒尿了？」守門人回答說：「我沒看見。只見昨天中大夫夷射在這裡站過。」齊王因而以大不敬之罪賜死了夷射。

夷射到死都不知道是守門人這個小人陷害他的。

夷射的故事很小，但是道理卻有三。

(1) 小人可能會出現在你意想不到的地方，要學會尊重他人，不要小瞧任何人。

(2) 要學會從不同角度去看同一個問題，不要人云亦云，以偏概全。

(3) 心存善念，能屈能伸，方能結善果、結人緣。

在生活中，不是每個小人都會明目張膽地害你的。當你是一個成功者，就會有很多的人在明面上讚賞你，甚至想從

你這裡獲益。

很多人在現實生活中，會莫名覺得自己特別容易招惹是非，招惹小人。這其實是因為你在人際交往中，缺乏一些適合的處事技巧。要避免關係中出現小人，最重要的是不要出現「以其人之道，還治其人之身」的情況，得饒人處且饒人。

但當大部分的人都在耐心地遵循倫理道德，走在光明正大的成功路上時，難免有不少小人在尋找更快的致富門路。他們寧願犧牲道德和誠信，用破壞他人名譽，甚至是毀滅他人的方式去實現自己的目標。比如在職場上，你會發現有些人在背後歪曲事實，損害你的利益。

小人陰險，那你要如何辨識小人，避免遭人暗算呢？認準以下幾種小人，或許能夠幫到你。

1.「馬屁精」── 給人戴高帽子，卻暗藏殺機

這種小人經常可以在老闆面前見到，他們面對老闆，嘴像抹了蜜糖一樣，睜著眼睛說瞎話。他們非常懂別人的心思，做每一件事，說每一句話，都會投其所好，讓人服服帖帖。

心理學研究發現，「拍馬屁」是一種討好策略。這種討

好策略是「馬屁精」慣用的招數，他們喜歡拍馬屁討好對方，或打別人的小報告，以贏得對方對他們的良好印象或信任，獲取更大的利益和精神滿足。

心理學家瓊斯（Edward E. Jones）認為，這種策略是在個人特質的吸引力方面，試圖非法影響某一具體他人的一種策略行為。

部分「馬屁精」的拍馬屁行為，是受成長環境影響產生的。這種類型的人，在嬰幼兒時期和童年時期，嚴重缺乏父愛和母愛，所以缺乏心理安全感，在成年後，就會形成一種叫替代性補償的行為模式。這種行為模式的具體表現為：會把權威（上級）當成早年父母的化身，用討好的方式去尋找早年缺失的父愛和母愛。拍馬屁後，對方的滿意會讓他們感受到被關注、被重視和被肯定，從而獲得心理上的安全感和滿足感。

當明白了「馬屁精」的心理成因，你就可以冷靜地看待他們的行為，並處理好你們之間的關係了。

2.「狗仔隊」—— 窺視別人隱私，到處散播謠言

「狗仔隊」這個名詞多指無良的娛樂八卦週刊記者。他們想方設法拍到各種涉及別人隱私的照片，又或者故意拍攝

一些讓人產生誤會的照片,並進行大幅度渲染,以獲得報刊大賣和升遷的機會。

社會就是一個大林子,林子大了,什麼人都會有,「狗仔隊」就是你身邊常見的一種小人類型。比如你身邊總是說別人各種醜聞的人,他們不管訊息來源是否可靠,也不管別人愛不愛聽,只認為自己講的就是權威的、真實的,哪怕只是捕風捉影的事,都能被他們傳得有聲有色。

這種人,就是謠言的起源。他們總喜歡製造和傳播謠言,表面上是活躍了大家的氣氛,實際上卻是製造各種矛盾的根源。要盡量警惕這個類型的小人,因為稍有不慎,他們就會讓你身敗名裂。

3.「笑面虎」—— 口蜜腹劍,善用小聰明

《三十六計》中有一計叫「笑裡藏刀」:信而安之,陰以圖之;備而後動,勿使有變。剛中柔外也。說的是:表面上要做得使敵人深信不疑,從而對我方不加戒備;我方則暗中策劃,另有圖謀,做好充分準備,伺機而動,不要使敵方有所察覺而引發意外的變故。這就是外表上柔和,骨子裡卻剛強的謀略。

> Part1　透過高效社交，發現身邊的資源圈

這招「笑裡藏刀」，用在軍事上是一個好招，但是用在人際關係上，就是一個陰險的「笑面虎」了。

一般「笑面虎」都是表裡不一、兩面三刀的小人。他們總是習慣隱藏自己的目的，觀風察勢，伺機而動。《紅樓夢》中的王熙鳳，就是一個很好的例子。

賈璉瞞著王熙鳳在外接了一個外室尤二姐，王熙鳳知道後，趁賈璉不在家時，把尤二姐騙到了自己眼皮子底下。她表面寬容大度，暗地裡卻使盡各種手段摧殘尤二姐的身體和心理，將她一步步逼上絕路。而單純的尤二姐，到死都沒有識破王熙鳳的詭計，對她的誠意從來沒有懷疑過。就連賈府的主子們也被矇騙，覺得王熙鳳在處理這件事上很是賢惠。王熙鳳可謂將笑裡藏刀發揮得淋漓盡致。

社會上最難防的小人就是「笑面虎」，因為他的詭計總是會包裹著蜜糖，打著為你好的旗號遞給你。若你看不清他的真面目，那麼當你被他害了後，可能還會把他當善人來看待。

社會上的競爭無處不在，大家都是靠自己的本事吃飯，有才能的人才能從競爭中脫穎而出。可偏偏這種偽君子，知道自己透過正面競爭沒有勝利的把握，就會動些歪點子。表面上他會對你百分百地贊同，私底下卻在上司或者別人面前

小人是關係中的「癌細胞」

倒打你一耙,讓你踩了他的陷阱,還要念念不忘他對你的好。

4.「牆頭草」—— 生活中的「變色龍」,見利忘義

「牆頭草」最大的特點就是見風使舵,為了自己的利益,不擇手段也要達到目的。這種「牆頭草」無法真心對待朋友,因為他們何時變心,完全是根據現實的利益需要,就和變色龍一樣,讓你猜不透,更無法防範。

1898 年,以康有為、梁啟超為首的維新派,掀起了轟轟烈烈的維新變法運動。這個活動得到了光緒帝的支持。但是光緒帝是沒有實權的,實權掌握在慈禧太后的手中。

在光緒帝和維新派感到焦頭爛額之際,袁世凱被康有為舉薦給了光緒帝。光緒帝為了拉攏軍隊力量,還給袁世凱封了一個侍郎的官職。康有為等維新派均認為,要解救皇帝,保住皇帝的皇位,必須要殺死慈禧太后的得力助手榮祿。因此,維新派的譚嗣同夜訪袁世凱,提出希望袁世凱解決掉榮祿一事。

袁世凱是一個詭計多端且善於見風使舵的人。他雖然表示忠於光緒帝,但知道實權還是在慈禧及她的心腹手中,於是暗中又和慈禧的心腹往來。後來袁世凱向榮祿告密,榮祿

> Part1　透過高效社交，發現身邊的資源圈

大驚，連忙進京向慈禧彙報。慈禧聽了大怒，把光緒帝帶到瀛臺軟禁了起來，並且下令廢除變法，逮捕變法人士及官員。

就這樣，戊戌變法宣告失敗，七君子命喪菜市口。

要警惕善變之人，就要觀察他是不是說一套、做一套，是不是掛著羊頭賣狗肉。當然，有的時候我們難免落入他人的圈套，但在一個人身上吃過一次虧後，你就需要學會對這個人說「不」。正如老一輩常會提醒年輕人，掉一次坑，是你大意了，如果掉在同一個坑裡兩次，那就是你愚蠢了。吃一塹就要長一智。

小人就像是關係中的「癌細胞」，在生活和職場中，你要學會避免給自己招來小人。那麼，我們該如何做，才能更好地避開小人呢？

(1) 寬容不揭短

沒有特殊情況時，一般要盡量避免觸及對方忌諱的地方，避免使對方當眾出醜。

要寬容待人，當被人冒犯時，要指出對方的錯誤，讓其知錯，但不能用侮辱的方式，使對方難堪。如果別人好意提醒我們的錯處，應真誠致謝，不要為了維護自己的尊嚴而巧言強詞地辯解，甚至誤解別人的善意和誠意。

(2) 有分寸不刻薄

每個人都會犯錯，比如口誤，記錯了別人的基本資訊，禮節失當等。當你發現別人的錯處時，你不能對他進行包庇，但也不要對此大肆宣揚，故意搞得人人皆知，使本來已被忽視了的小過失，一下子變得顯眼起來。更不要抱著譏諷的態度，以為「這回可抓住你的把柄啦」，來個小題大做，拿對方的失誤在眾人面前取樂。

因為這樣不僅會使對方難堪，傷害其自尊心，惹其反感或報復，而且不利於自己的社交形象，容易使他人在今後的交往中對你產生戒心，敬而遠之。

(3) 要留有餘地

面對手下敗將，不要過度打擊，雖然說商場如戰場，但是做人留一線，日後好相見。

失敗的滋味大家都嘗過，都知道不好受，失敗時還被持續打擊更是痛苦。己所不欲，勿施於人，在競爭勝利時給對手留點餘地，不僅能顯示你的人格魅力，也是為將來可能同樣面臨失敗的自己留下餘地。

(4) 學會給人臺階

不但要盡量避免因自己的原因導致別人下不了臺，還要學會在對方不好下臺時，巧妙、及時地為別人提供一個臺階。

Part1　透過高效社交，發現身邊的資源圈

Part2
在虛擬網路上打造高效社交

> Part2 在虛擬網路上打造高效社交

▍如何利用網路獲取更多資源

沒有誰能像一座孤島,在大海裡獨踞,每個人都像一塊小小的泥土,連成整個陸地。

—— 約翰・多恩(John Donne,17世紀英國玄學派詩人)

網際網路不斷推陳出新的社交方式,將社交從線下推向了線上,讓人與人之間的關係進入了一個超連結的時代。

超連結原先是網路的核心概念。網際網路發明人伯納斯李(Tim Berners-Lee)在早期提出了網站的三大支柱:URL、HTTP、HTML。最早期的網際網路是很難從一個文件跳到另外一個文件的,但是超連結改變了這一切。超連結可以將任何文字與URL相關聯,而使用者只要啟用連結就可以快速到達想要去的目標文件。

今天書中提到的超連結是指人們在生活中頻繁使用手機、筆電等眾多智慧化裝置,並且與它們片刻不離的狀態。這個狀態引發了4種人際關係資源連繫的可能性。

(1) 巨大性:可交往的人數劇增。
(2) 集體性:可共享的訊息和集體合作的範圍更廣。
(3) 專業性:人際關係建立的特殊性更為凸出。

(4) 虛擬性：人們可以以虛擬身分展示自己的能力。

在這樣的高速社交網路平臺上，衡量一個人的價值標準，已經不再只是單純看這個人擁有什麼樣的資源和能力，更重要的是看這個人能擁有多強大的連繫資源的能力。

而要實現連繫資源，必不可缺以下 3 種能力。

1. 建構好關係的能力

在影視傳媒還沒有發展得那麼成熟的時候，一個產品要被大眾所知，靠的是口耳相傳，也就是口碑推薦。而這個口碑就是現實中的人際關係網路。你的人際關係網越大，你能連繫的人就越多，也證明你的連繫能力越強。而連繫能力越強，你接觸到新的資源和訊息的方式就越多，機會也就越多。

美國職場人際關係專家茱蒂・羅比內特（Judy Robinett）曾提出一個個人關係網路模型：5+50+100。這些數字的意思是，你要擁有 5 個頂級關係人，50 個關鍵關係人和 100 個重要關係人。

簡單來說，就是重新梳理你的社會關係，建立強連結人際關係圈，然後對它進行有效管理。具體分為以下 3 步。

Part2　在虛擬網路上打造高效社交

(1) 聯絡人分類

按重要性和親近程度對你通訊錄裡的聯絡人進行分類。從 1 到 5，1 代表最親近，5 代表只是偶然相識。

透過這個方式，區分出你的 5 個頂級關係人，50 個關鍵聯絡人和 100 個重要關係人。

(2) 判斷對方為你帶來的價值為多少

思考和整理：這頂級關係 5 人、關鍵關係 50 人、重要關係 100 人，曾經有給你輸入過哪些價值？

其中重要關係的 100 人，你們有多久沒有聯絡了？你們溝通的頻率是否有所調整？

(3) 確定你為對方輸出的價值為多少

思考和整理：在你的「5+50+100」強連結社交圈中，你曾經為他們提供過哪些價值？你以後可以做些什麼讓關係增值？

茱蒂‧羅比內特強調，想要連繫有價值的資源，首先要能夠創造價值。對每個人而言，你能提供的最大價值，就是運用自己的能力，幫助別人獲得他們所需要的資源。這時，你也會從他們那裡獲取更多資源和機會，實現雙贏互惠。

2. 大度相容的能力

寄居蟹和海葵是一對好朋友，寄居蟹一旦找到自己的房子，就會到處尋找適合的海葵朋友，然後把海葵放在自己的螺殼門口。海葵是一個非常盡心盡責的看門者，每當它感到危險靠近的時候，就會展開它像葵花一樣的觸手，把敵人嚇跑。而寄居蟹捕捉到食物的時候，也都不忘分一些給海葵。這兩個好朋友，相處得非常愉快。

這說明，即使不同類，兩種生物也可以友好相處。人際交往也是一樣，你的圈子裡，要有和你相似的人，也要有和你不同的人。有一個成語叫「大度相容」，出自宋‧朱嘉《宋名臣言行錄‧呂蒙正》卷一六：「呂蒙正曰：『水至清則無魚，人至察則無徒。小人情偽，在君子豈不知之；若以大度相容，則萬事兼得。』」

這段話的意思很簡單。水太清的話，魚就無法生存，做人如果對小事也要追究到底，就不會有朋友。小人虛情假意的作風，君子看在眼裡，哪會不知情，如果能大度相容，則什麼事情都可得。

想要讓他人為自己的發展提供助力，就要先有容人的雅量。一個人要成就一番大事業，就必須要有度量和氣度。

3. 未雨綢繆的能力

世界排名第一，公司年營業額超過 7,000 萬美元的人際關係大師哈維・麥凱就曾對人際交往提出過一個觀點：「有一天我可能會口渴，那時候我會需要一口井來打水喝，但是為了我口渴時立即就有水喝，現在我就要開始動手挖井。」

所以不要等到渴的時候再去挖井，因為可能那個時候你等不到挖好井就已經渴死了。這個道理很簡單，其實大家都懂，但是真正有意識去做和能做到的人，真的不多。

有很多人在結交朋友的時候，只會盯著比自己能力強，或者比自己本事大的人去結交，認為這樣的朋友可以幫到自己。

但事實上，「三十年河東，三十年河西」，今天你認識的他，可能是寂寂無名的，但是或許明天他就會身價百倍。相反，現在你不斷去努力結交的有錢朋友，也會有谷底時期。

求人辦事也是一樣，如果你總是在有求於人時才會去聯絡朋友，平時完全沒有交集，這樣久而久之，你就會沒有朋友了。

一般來說，臨時抱佛腳的人，往往都難以得到好結果，即便僥倖走了大運，也只是一時的運氣，無法長久。懂得在

口渴之前先挖一口井,擁有未雨綢繆的能力的人,才會越走越順,越走越成功,他的人際關係資源網才會在不斷變化中維持不變。

4. 不設限的能力

在資訊高度膨脹的當下,每個人都在被各種訊息轟炸。好的產品、優秀的個體,都受困於「酒香也怕巷子深」。但要去向別人展示自己,「銷售」自己,大部分人都表示自己會對此感到恐懼。「我覺得我不夠好,我怕說錯話」「一來不知道說什麼好,二來我怕陷入『尬聊』,所以乾脆就不參加社交了」。

在網路搜尋引擎上搜尋「社交恐懼」,出來的資訊會多到翻頁都翻不過來。很多人都會因為不同的原因對社交感到恐懼。

比如,有些人是因為性格內向;有些人是因為曾經在社交中遭遇過窘境;有些人是沒自信;有些人是對社交有太多的想像和假設;有些人是不知道說什麼;還有的人是不擅長且不喜歡和陌生人打交道⋯⋯反正恐懼的原因千奇百怪。

但交朋友,第一步是要能讓別人認識我們,這就是一個「銷售」自己的過程。如果你因為恐懼而卻步不前,那你就

> Part2　在虛擬網路上打造高效社交

無法進一步和別人產生連繫。因此克服恐懼，變得自信，是我們首先要做的事情。

要克服恐懼，變得自信，首先你需要對自己有一個清楚的自我認知，擺脫限制性信念。

力克胡哲（Nick Vujicic）說：「人生最可悲的並非失去四肢，而是沒有生存希望及目標！人們經常埋怨自己什麼也做不來，但如果我們只記掛著想擁有或欠缺的東西，而不去珍惜所擁有的，那根本改變不了問題！真正改變命運的，並不是我們的機遇，而是我們的態度。」

力克胡哲是一個一出生就沒手沒腳的海豹肢症患者，曾3次自殺，而今卻娶妻生子，在全世界演講2,000場，寫了5本書，激勵著千萬人拾起生活的勇氣，得到無數次愛的擁抱，同時盡情享受著游泳、跳水、潛水、衝浪、高爾夫、釣魚等活動帶來的樂趣。

為什麼一個身體殘缺的人能如此精彩地「銷售」他自己？因為他的人生就像他的書名《人生不設限》（*Life without Limits*）一樣，從未「設限」，而拯救他人生的，便是夢想。

從這個沒有四肢最後卻名利雙收的男人的故事中，我們可以知道，只要你不對自己設限，你便會擁有很多的可能性，你也可以獲得成功。

注重線上社交禮儀，
獲得他人的好感

以前要和一個人聯絡，主要靠打電話，或者會面，或者使用郵件。隨著社交軟體的不斷推出，現在聯絡一個人最常用的方式是新增對方的好友。

C 是一位專欄作家，經常有很多人透過她發文章的平臺加她的通訊軟體。出於禮貌，一般看到別人對她發出好友邀請，只要對方的頭貼看起來是個正常人，C 都會通過這個好友申請。

但是不是通過好友申請後，這些人就真的變成了 C 的好友或者資源了呢？

並不會。因為這些和 C 加了好友的人，並沒有找到和 C 的連線點。加了 C 之後，這些人也再沒有任何消息，連個問候都沒有。這樣有什麼意義呢？即便你有上千個好友，這些聯絡人也根本不能成為你真正的資源。

所以，如果不想讓對方成為你的「殭屍聯絡人」，那你一定要在加對方為好友後，做出以下 3 個重要的步驟。

Part2　在虛擬網路上打造高效社交

1.編輯一段讓人印象深刻的開場白

　　這個開場白，一定要是與對方相關的。我給大家一個開場白公式：**好的開場白＝原因＋價值＋福利**。

　　原因：你因為什麼想要加對方，或者你們曾經在哪裡見過，當時對方讓你印象深刻的一個地方是什麼（可以是一段發言，可以是對方的穿著，又或者是對方的笑容、氣質、行為、待人接物的方式等）。

　　比如：C 老師您好，我在某網站上看到了您的文章，其中關於您對 ×× 的看法，讓我印象深刻，所以我很希望能和您聯絡，並能得到您更多的指點。

　　或者：C 老師您好，我是經過 ×× 推薦認識您的，我想向您請教一個關於 ×× 的問題，不知道您是否可以幫助我，非常感謝。

　　也可以是：C 老師您好，我們昨天在 ×× 見過，昨天見到您後，發現您好溫柔，很希望可以和您多學習，希望未來可以得到您更多的指導。

　　這樣的開場白，簡短幾句話就可以馬上和對方建立連繫，讓對方願意和你有更多的連繫。

　　價值：這部分是關於自我介紹的部分。你需要在短短一

兩句話中，展示你自己的價值。

比如若你是個學生（在校生或者有在學習某些課程的成年人），你可以直接這樣表達自己：「我是一位學生，因為很喜歡您文章中的觀點，覺得對我本人幫助非常大，所以我也會經常給我的同學或者好友們推薦您的文章。」

如果你是一位社會人士。你可以這樣表達自己：「我是一位ＸＸ從業者，我身邊有非常多和我一樣對這個問題有困擾的朋友，所以很希望和您聯繫後，能向他們推薦您，以幫助他們走出困擾。」

又或者你的職業與對方是有關係的。你可以這樣表達自己：「我目前在ＸＸ平臺從業，我們平臺對於像您這樣的導師，是非常認同並且希望能有更多深度交流的，也希望您能有時間和我們做更多的溝通。」

福利：要讓對方成為你的資源，你必須先要給予對方他所需要的東西。比如一份小福利，這是直接就可以給到對方的東西。

比如發一種與自己專業或者對方相關的東西給對方。假如你是做海報設計的，你可以為對方提供一次免費的海報設計。如果你沒有什麼特別的專長，也可以發一個小小的紅包給對方，以表示開心。

| Part2　在虛擬網路上打造高效社交

　　我經常告訴我的學生，在與人建立連繫的時候，可以用上述公式。有兩個學生在使用完這個公式後，給了我兩個非常有價值的回饋。

　　其中一個學生，她本身是做手繪插圖的，讓我印象深刻的是，她在加了一位很厲害的老師的好友後，問是否可以為這位老師提供一次課程海報設計。

　　這個老師非常驚喜，並且馬上記住了她。因為這個老師有很多同行，隨後這個老師便給我的學生推薦了很多有製作海報需求的朋友。

　　另外，還有一個讓我印象深刻的學生，她加了一位在一個社群很活躍的夥伴之後，發了一個小紅包給對方。對方收了之後，居然和她說，如果是私下發紅包，就不要發那麼小的紅包。

　　她感到非常生氣和委屈，後來我問她是怎麼回應這個人的。學生說：「我就當這個人跟我開玩笑，並且因為他的確之前在群內給了我一些幫助，我就再給他發了一個大一些的紅包，等於『贊助』給這個人了。然後他也收了。」

　　我問她：「你當時的感受如何？」

　　她說：「我覺得這個人不是一個值得結交的人，並且如果我有資源，我也不會介紹給他。如果不是我覺得沒必要，

我都想封鎖他。」

這個學生遇到的事情，我相信在我們身邊，也一定會遇到，畢竟社會大了，什麼人都會有。但是，如果幾塊錢就能看清楚一個人是否值得結交，這筆交易便非常值。

換個角度來看，如果是你，對方發了一個小紅包給你，如果你覺得小，也請你一定要克制自己的貪慾。因為你並不知道，這個錢，對於對方而言，是多還是少。

如果你幫助了對方，或者你在和對方剛建立連繫時，對方發了紅包給你，你覺得收紅包其實沒有必要，那你可以選擇不收，並且告訴對方，心意領了，非常開心對方能發紅包給你，你感到非常驚喜。

這樣的回應，不僅顯得你很大氣，也會讓人對你有非常好的印象。

2. 稱呼不要太隨意

有一次，一位沒有聊過天的好友看到我發的一則課程招募消息，就馬上在下面留言：寶貝，這個課程我怎麼報名？

我沒理會這則留言。一天後，她傳訊息給我：寶貝，你發的那個課程怎麼報名？

Part2 在虛擬網路上打造高效社交

我默默看著這條訊息,回了一句:抱歉,我讓我的助理加妳,她會幫妳詳細解答,請稍等我一下。

當與他人溝通,尤其是你第一次與這個人溝通時,不要那麼「粗線條」。你不熟的人,不要隨意使用「寶貝」這樣的稱呼,因為這樣只會讓人感覺你非常不禮貌,並不會顯示你們之間有多麼親近。

大部分人無法接受這種自來熟的溝通方式,因為對於大部分人而言,人際交往需要有一個適合的邊界。通常對於不熟悉的人,大部分人一般較克制和客氣,這是一種尊重,也是一種交往的禮儀。越是在網路上,我們越是需要學會謹慎和克制。

還有一種人,和別人講了幾句話,就會冒一句:有句話不知道該不該講。

這是一種非常不聰明的做法,如果你真的覺得不認同對方的觀點,你可以直截了當地告訴對方,比如:C老師,剛才您講的這個部分,我非常贊成,只是在其中,有一個地方我略有一點不一樣的想法,可能我的想法並不成熟,但是我很希望可以和您分享。

但你如果先來了一句:我有些話不知道該不該講。結果表達的全是一些挑刺的話,或者是和別人意見完全相左的內

容，那可能原本對方對你的好印象是 8 分，也會一下子扣到 1 分。

所以，如果你不知道有些話該不該講，那就請你不要講，因為你後面將要講出來的話，也不會讓對方接受你或者喜歡你。如果你想表達自己的想法和觀點，請你先贊同對方你覺得說得不錯的地方，然後提出你自己的感受和想法。這樣才能更好幫助你與他人建立連繫和交流。

3. 關注對方的社交媒體

我經常會在我的社交媒體裡發很多與我的工作相關的內容，比如一些一對一心理分析後，我的一些觀察和感悟；學完專業課程後，我的一些隨手筆記；一些我自己寫的文章或者一些和學生互動後的總結。

有一天，一個剛加我好友的「新人」，加了我之後，並沒有立即和我打招呼，但是半小時後，她突然發了一條訊息給我：「老師，我剛剛去看了您的社交媒體，我覺得收穫很多，尤其我對您講到的關於職場溝通上一些雷區的小知識特別感興趣，我自己也曾經遇到過這樣的問題，很開心能聯繫上您，並且圍觀您的社交媒體。希望未來老師能給我更多的

指點。」

收到這則訊息後,我非常驚訝,同時也對這個「新人」印象深刻,後續再有一些和職場相關的內容及分享,我都會「@ 她」,讓她也能即時收到。

要記住,每個人都是一個獨立的品牌,無論你是剛入職場還是久經職場,這些都是你的個人品牌的標籤。而且每個人的社交媒體都是在營造自己的個人人設,也就是個人品牌。如果你能對對方打造出來的人設感興趣,並且對此加以肯定,我相信你在對方的心中,一定會加分不少。

三步驟,不讓對方成為「殭屍聯絡人」

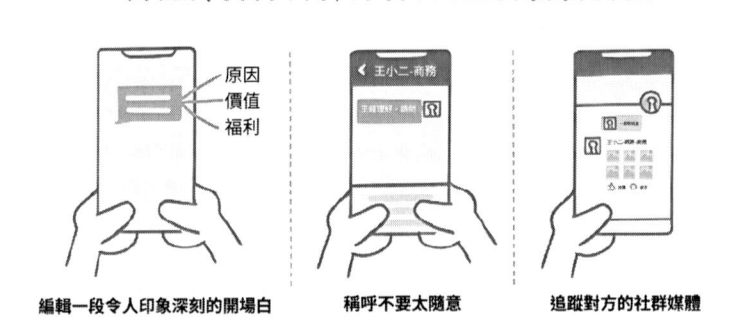

編輯一段令人印象深刻的開場白　　稱呼不要太隨意　　追蹤對方的社群媒體

適當幽默，線上社交更輕鬆

　　線下社交有一個好處，除了交流，你還會透過臉部表情、肢體動作、社交細節、穿著打扮等去判斷一個人是否值得你結交。但線上上進行社交，你除了可以看到對方的頭貼照片外，要判斷這個人是否值得結交，唯一的標準就是這個人的說話方式是否讓人舒服。幽默，就是一種快速讓別人喜歡你的溝通方式。

　　一個好久沒聯絡的朋友突然發來訊息：「在嗎？」如果你只是簡單回覆「在」，可能對話就要這樣平淡地進行下去了。但是如果你回覆：「你先說什麼事，我再決定在不在。」這樣風趣幽默的回答更能活躍氛圍，更可能收穫一次愉悅的聊天過程。

　　幽默，是最快拉近人與人之間關係的方式，也是最快讓人喜歡上你的方式。有句話說得好，當你喜歡一個人，你就會願意幫助這個人，哪怕沒有回報，你也不會介意。所以你需要知道幾個可以讓你變得幽默、有趣的小技巧，讓你線上社交，結識他人的時候，快速讓他人喜歡你。

Part2　在虛擬網路上打造高效社交

1. 鋪陳＋包袱，幽默也可以有說服力

　　有一個病人因牙痛去看牙醫，牙醫檢查後說：「你的這顆牙已經被蛀壞了，無法根治，需要整顆拔掉。」

　　病人問醫生：「拔一顆牙需要多少錢？」

　　醫生說：「1,000 元。」

　　病人大吃一驚，說：「什麼？你拔一顆牙才幾分鐘，就收我 1,000 元？」

　　牙醫笑了笑說：「如果你覺得幾分鐘太快，需要慢慢來也是可以的，我可以慢慢地幫你拔，拔到你滿意為止。」

　　無論在哪個國家，幽默語言的基本結構都是大致相同的，就是**鋪陳**＋「**包袱**」。鋪陳一般指的是極為普通和真實發生的事，而「包袱」就是讓人發笑的部分。

　　醫生幽默的回應，既維護了自己的專業形象，也緩解了醫患關係，一舉兩得。

2. 反轉一下，錯位展現讓人忍俊不禁

　　小剛今天和小夥伴在聊自己的爸爸，小剛說：「別人都說西方的孩子都是被誇著長大的，亞洲的孩子都是被罵著長

大的。但我爸從小到大都一直在誇我。就像昨天,他還在誇我:『你真棒!全班45個同學,你能考44名,你真的棒!』」

大家習慣的思考模式都是按照邏輯順序,或者時間順序來正向思考的,所以當出現和正向思維不一樣的,讓人意外的內容時,大家就會忍不住發笑。

3. 雙關語也能很幽默

公車一下急煞車,就聽到一個女士的斥罵:「德行!」原來急煞車的時候,一個男士不小心撞了她一下。

只見那個男人微微一笑說:「這不是德行,這是慣性。」周圍的人都忍不住笑了,女士也有一些不好意思,忍不住笑了。

在這種情景下,男士並沒有對女士的斥罵做正面的回應,而是用幽默化解,不僅沒有引發衝突,還巧妙展示了自己的智慧和大度。

4. 對比 + 自嘲,讓觀點更生動

某教育家經常被媒體「吐槽」長得其貌不揚。在學校做分享的時候,他說道:「如果說一個人的相貌和成功相關,

Part2　在虛擬網路上打造高效社交

那就不會有阿里巴巴。」

「當然,這並不意味著相貌好看的人就做不成事情。」

「不管相貌如何,都能取得成功,只不過好看和不好看的人在一起吃飯的時候,通常不太願意坐在相鄰的椅子上,因為兩個人的對比已經到了慘不忍睹的地步,解決的方法就是把我放到他們兩個中間,發揮過渡的作用。」

教育家幽默地調侃了一番,也自嘲了一把,引得哄堂大笑。透過這樣的方式,大家對他好感倍增。

知道了幽默的小技巧,那什麼時候用才是最適合的呢?我給你 3 個小推薦。

1. 見縫插針地幽默,讓氣氛更融洽

心理學中有一個黑暗效應,指的是在光線比較暗的場所,約會雙方彼此看不清對方的表情,就很容易減少戒備感而產生安全感。在這種情況下,彼此產生親近的可能性就會遠遠高於光線比較亮的場所。

這個效應指出,我們在人際交往中,會根據外界情況決定自己是否應該信任對方,或者自己應該用什麼樣的狀態去應對和表達。如果場面嚴肅,就容易讓人感受到緊張,如果

氣氛輕鬆，人們會更容易展示自己的優勢。而懂得見縫插針地使用幽默，會讓他人更容易對你產生好感，向你釋放善意，也會使得他人對你印象深刻。

小Y是應屆畢業生，和同學一起去面試一家大企業的行政祕書的職位，因為這次面試對於她們幾個剛畢業的人而言太重要，所以大家都非常緊張和謹慎。

集體面試的時候，幾個面試官除了偶爾私下交流以外，大部分時間都是毫無表情地對小Y和其他面試者進行提問，看起來對她們並不是特別滿意。

感受到這種氛圍的小Y和同學們，不由自主地正襟危坐，每一句話都斟酌再三，連呼吸都放輕了。輪到面試官對小Y提問了：「對於公司，你還有什麼其他的要求嗎？」

小Y還沒回答，肚子就先突然「咕咕咕」地叫了起來，在安靜的面試廳裡，大家都聽得一清二楚。正當這時，小Y俏皮地笑著說：「除了三餐正常，沒有其他要求了。」

聽了小Y的回答，面試官們都笑了。接下來，面試官們的笑容也多了不少，隨後的提問也變得輕鬆了許多。

2. 幽默地反擊，效果更好

第二次世界大戰期間，很多美國士兵背井離鄉投入歐洲戰場，只能藉著書信以解思鄉之情。

有個士兵接到家鄉女友的來信，非常欣喜地拆開閱讀，讀著讀著，笑容就僵住了。

原來他日夜思念的女友，在信中提到她已經有了新的男友，想借這封信提出分手，並請他將自己以前寄給他的照片寄還給她，以免日後牽扯不清。

這位士兵很生氣，心情一直都難以平復。後來，他到處向隨軍護士以及女性軍官索要照片，並且把得來的十幾張照片一起寄回給女友，並附上了一句留言：「這些都是我女友的照片，我忘了哪張是妳的，請妳自行選出妳自己的照片，其餘的寄回給我，謝謝。」

遇到這樣的事情，很多人都會想辦法報復，這位士兵也是一樣，但是他的報復中加入了幽默的元素，足夠令這位變心的女友產生非常震驚的反應，同時也造成了報復的作用。

3. 幽默和日常生活連繫起來，效果加倍

很多時候，很多人覺得自己無法幽默起來，最主要的原因是你講的內容距離大家太遙遠。比如你跟西方人講東方的笑話，西方人會聽得糊里糊塗，不知道好笑的點是什麼。但如果你能將大家都會體驗到，並且可以想像到的畫面，用幽默的方式表達出來，大家便都能體會到。

小周今天一直在打噴嚏，他向小強尋求解決辦法：「我今天總打噴嚏，怎麼辦才好？」

小強說：「吃點瀉藥就好。」

小周很意外：「是真的嗎？」

小強說：「是啊，你想想，你吃了瀉藥之後，你還敢打噴嚏嗎？」

小強的回答細思極其好笑，因為這樣的情況，大家都有畫面感，會讓人感覺你的「腦洞」很大，非常風趣幽默。

學會幽默表達，哪怕隔著螢幕，也會讓人感覺你是一個擁有有趣靈魂的人，對你印象更好，更願意與你交往。

Part2　在虛擬網路上打造高效社交

用好社群，
讓資源像滾雪球越滾越大

　　2020 年因為疫情，大家響應政府號召，盡量都待在家裡，自發減少外出。所以關於吃飯的問題，大家都只能在網上去買菜，然後每天去指定的地方取菜。

　　阿美今天也如往常一樣到指定取菜點去取菜，發現在取菜點的空地上停了一輛小車，車子的後車箱開著，一個戴著口罩和手套的女性站在小車前，有一兩個人圍著她說些什麼。

　　阿美看了一眼車裡的東西，都是一些蔬菜水果什麼的，想著應該是來賣蔬菜水果的，就走近了一些，想看看如果有適合的菜，就順道再捎上一些回家。

　　走近了，阿美發現車上的蔬菜的確很新鮮，水果看起來也很不錯，於是上前問：「老闆，這蔬菜怎麼賣？」

　　老闆笑著說：「我不是來賣蔬菜的，我也是這個社區的住戶，我朋友自己有個菜園，這不是最近大家買菜都不方便嗎，我就建了個群，方便一些鄰居朋友一起採購而已。這樣也能幫我朋友一下，還能讓大家吃上新鮮的蔬菜和水果。」

聽到這個鄰居這樣說,阿美馬上就來興趣了:「那我可以加個群嗎?我就住在這棟樓裡面,都是鄰居。」

「可以啊。這是群的 QR Code,你直接進去就行,裡面都是這個社區的住戶。」鄰居大方地拿出手機讓阿美掃碼進了群。

進群後,阿美發現群內的人數不算多,但每天都有新的鄰居加入進來。群雖小,但群裡每天都很熱鬧,而且無論大家有什麼需求,群主馬上都會有回應。而且阿美還發現,別說買菜,就連上網都搶不到的口罩等必備品,群主都可以幫大家找到購買資源,並且也遠比市面上的價格要低。

慢慢地,大家缺什麼,都會習慣性地先去問問群主有沒有,有的話就和同樣有需要的鄰居一起團購。這樣的情況一直持續著。後來大家才知道,原來群主的主業是做貿易,副業是做保險的。聽說群裡很多人因為覺得群主人很可靠,還在她那裡買了不少大額的保險。

很多時候,你想在網路上去認識更多的人,都喜歡優先考慮大群,會認為大群比較容易找到「志同道合」的人。

事實上,人人都想加入大群,但人們多在小群中活躍。因為以即時溝通為核心的群,人數越多,「噪音」越大,對使用者的騷擾就越大,所以很多時候我們會觀察到,大部分人加入大群後,最常採取的方式是關閉訊息提示。

> Part2　在虛擬網路上打造高效社交

當被打擾的次數持續增加時,使用者多選擇退群而去。相反,使用者更多會在小群中進行頻繁、密切的溝通和分享。

研究數據指出:無論是聊天群還是社交圈,基本都會呈現出大群鬆散沉默,小群緊密活躍這樣的特徵。要評定一個社群是否是一個優秀的社群,是否可以為你提供價值,你需要關注以下3點特徵。

1. 互相認識

你能在社群中認識多少好友,這個指標代表了一個緊密度,你在社交群內部的好友越多,說明你在社交群中的地位越重要,群的品質也越高。而在一個社群中,好友數量越多,大家留在這個社群中的時間就會越長。

但不是說這個社群的人數成長得越快就越好。因為新人的大量增加,大家沒有足夠的時間來互相認識,即使你進入了一個500人的大群,也一點意義都沒有,因為你不認識裡面的成員,也無法與他們多做交流。

一個優秀的社群,不在於量,而在於質。因此你要能在這個社群中,盡量讓更多人認識你,並且你也認識他們,並與他們建立連繫。

2. 互相信賴

你是否信任他？他是否信任你？信任是促成社群高轉化的基礎，也是開啟人際關係資源網的一個最重要的組成部分。

比如你要幫孩子報一個才藝班，你可能會問你身邊有孩子，並且也在學習一些才藝班的朋友。因為你會信任他們，並願意聽從他們的建議，從而進行選擇。

同樣，如果社群內的人對你有這種信任，那社群內的人就會成為你的資源磁石，吸引來更多的人。這就是網路營運中經常會提及的裂變。裂變是指利用信任而產生的一個類似於細胞分裂的模式，一變二，二變四，數據呈指數級成長。

3. 頻繁互動

衡量一個社群是否會帶給你價值，最核心的指標是你和社群中的成員在這個社群內消耗的時間有多久。通常來說，社群成員在社群停留的時間越長，說明社群對他們的影響越大。

其中最主要的方式是雙方會在社群中頻繁互動，從而催

Part2　在虛擬網路上打造高效社交

生大家產生一致的社群認知。

那如何做才能幫助你「用」好社群，並把資源像滾雪球一樣越滾越大呢？

1. 大家只關心和自己相關的問題

某社交軟體曾經對一些平臺社群做了分析研究，把大家日常喜歡討論的問題分成了3種：私人主觀問題、公共問題、客觀問題。發現有兩個類型的話題是極其受歡迎的。

(1)私人主觀問題

大家都會對一些和自己相關的問題和討論產生興趣，比如：養狗有什麼需要注意的？和對象感情淡了要不要分手？這些問題具有極高的瀏覽數和回答機率。

(2)公共問題

所謂的公共問題，還是會與自身相關，但是會顯得更加大眾化一些：比如情人節怎麼過比較好？憂鬱症該如何調整？這些問題雖然比私人問題瀏覽和回答的機率低一些，但也遠比客觀問題的瀏覽機率要高。

這說明了一個非常重要的問題：如果你要「用」好你的

社群，你必須優先考慮與對方自身相關的話題。因為涉及私人和主觀的問題，更容易讓人知道自己願不願意和對方有更多的連繫，有更多的交流。

2. 透過相似的人，更容易開啟圈子

喜歡馬拉松長跑的小劉有一個小發現，在馬拉松長跑中，實力相近的一些跑者，最後多數會成為好友。「可能在你停下來補充水分或者能量時，他超過了你，但是在下一個路段，你又會超過他，無形中你們互相激勵，最終抵達終點線的時間，雙方也會非常接近。」

透過這個例子我們可以發現，當你和相似的人在一起的時候，你們更容易產生更多的交集，並且透過和你相似的人，你可以認識更多的連繫者。

一位集團董事參與創辦了某直播軟體，在最早期的5,000萬使用者中，大部分使用者是被董事長和他的關係鏈的好友吸引過來的，其中沒有用任何的宣傳費用。他的這種影響力超過了絕大多數的明星。

這就是資訊透過相似的人群、社群，進行擴散後得到的結果。很多時候，社群中的雖然都是普通人，但是他們的社

交分享，能把資訊帶到更多的新社群和社交圈中去，就會影響到更多的人。

因此，更多地把你的資訊分享到與你相似的人組成的社群中，你的資訊將會被擴散得更廣，資源也會更容易獲取。

整合人際交往圈子，
讓資源取之不盡

網際網路極大地拓展了人際交往圈子與職業空間，很多人其實還沒意識到這一點。網際網路把傳統生意中的人流變成了資訊流，而資訊流沒有空間、時間的限制，這意味著你可以在任何一個不知名的地方做全世界的生意。

大慶是一位農民，他研究了一套不需要用農藥也可以確保農作物良好生長的方法。他希望有更多的人知道這件事，讓更多的人吃上放心的農產品，因此他藉助微信對自己的產品進行宣傳和推廣。

在短短 6 個月的時間裡，大慶的安全健康農產品的銷售對象已經遍布多地，並且還有持續擴展的趨勢。

好奇的同鄉就去問大慶是怎麼做到的，大慶舉了 3 個手指頭說自己只做好了 3 件事。

這 3 件事就是：打造團隊、保障產品、整合人際關係圈子。

這 3 件事具體是怎麼做的呢？

1. 打造團隊

一個人的力量畢竟是有限的,在一開始的時候,大慶就找到了自己的好朋友阿倫合作,大慶負責前端,包括銷售、推廣、圖片設計、自媒體宣傳等,阿倫則負責後勤財務、客服發貨、供應商細節溝通、團隊管理等。兩人分工合作,各司其職。

2. 保障產品

大慶和阿倫非常在意產品品質的把關。同時,大慶還發動同鄉生產更多的健康農產品,比如當地的一些特色製品等。不僅如此,大慶和阿倫還走遍各地,尋找和篩選安全放心的特色農作物,以豐富自己的產品種類。

3. 整合人際關係圈子

除了調動同鄉們,以及對於產品的品質把關,大慶還想了一個辦法。他透過社交平臺和自媒體平臺,邀請更多願意來提供服務的陌生人一起加入他的品鑑團隊。這個品鑑團隊

整合人際交往圈子，讓資源取之不盡

肩負著兩個任務：挖產品賣點和做好物推薦。

此外，大慶還買了一臺相機，為自己的農產品拍攝攝影作品，「混跡」各大攝影群。透過這樣的方式，他認識了不少來自全國各地的攝影愛好者，不僅將他們吸納為品鑑團隊的成員，還透過他們的攝影作品，為自己的農產品增加了一種新的傳播媒介。

大慶的例子不是個例，利用社交媒體打造個人經濟的人非常多，這種模式叫微商模式。要用好這個模式，你需要了解 3 個產品思維點。

1. 產品是一種媒介資源

廣結人際網路最好的媒介就是「產品」。當你想要得到更多的關注，獲得更好的資源時，你首先需要擁有一種「產品」，並且透過不斷提升和完善你的「產品」來吸引他人。「產品」可以是真實的產品，也可以是你能為他人提供的價值。比如你很擅長畫插畫，插畫就是你的產品和價值。除了技術產品以外，資源也可以是一種產品，假設你有別人需要的資源，你也可以在其中起穿針引線的作用，實現資源置換。透過「產品」，你就可以獲得更多的資源和認識更多的人。

就如在大慶的故事中,他的農產品就是他可以連繫不同人的資源媒介。透過農產品,他連結到了他的團隊夥伴、同鄉、品鑑團隊的陌生人、攝影愛好者、客戶等。

2. 將自身產品化

將自身產品化的核心是明確自身的稀缺性。

你的價值,決定你的有效資源有多少。而你的價值,由你帶來的「稀缺性」決定。

羅伯特・西奧迪尼(Robert B. Cialdini)說,獲得影響力非常重要的一個因素就是「稀缺」,人們喜歡稀缺,稀缺能創造影響力。

找到自身的稀缺性,你就能創造出你個人的產品價值,成為可信賴的人。這種稀缺性可以是你的知識、專業能力、能為他人提供的服務和價值,也可以是你可被他人信賴的品格,還可以是你正在提供的產品。

整體而言,將自身產品化,就是要打造你在他人眼中的「人設」,使別人一看到你,就知道你是一個什麼樣的人,可以為他提供什麼,以及他為什麼要相信你。

整合人際交往圈子，讓資源取之不盡

3. 用產品思維去建立關係

著名投資人查理・蒙格先生說：「釣魚的第一條法則是在有魚的地方。第二條法則就是別忘了第一條法則。」

與他人建立關係，實現資源最大化，我們需要做的最重要的事情是，提供人們想要但是還不知道怎樣獲得的東西，如果可以，最好把它規模化。

真人秀《富豪谷底求翻身》（Undercover Billionaire）裡的格倫・斯特恩斯（Glenn Stearns）說，不要先考慮自己能提供什麼，應該先看市場需要什麼。

尋找人們想要的東西有一個簡單的辦法，就是把富人擁有的東西分給每一個人。比如，蘋果手機的創始人賈伯斯（Steve Jobs）先生意識到大家都需要一個可以放在口袋中的電腦，它比電話具有更多功能，使用也更方便，所以蘋果手機就出現了。

當你擁有了產品思維，你就會知道你可以為身邊的人提供什麼，從而使得這些資源留在你這裡。除了以上這些，還有兩個需要你重視的地方：

（1）你需要擁有長期思維，因為人們都會相信長期的關係。長期關係容易產生相互信任、相互依賴的結果，而短期

博弈更容易出現騙子。因此不要太過於功利化地去看待你和他人的關係。酒越久越醇,情越久越濃。

(2)學會銷售,也學會建構產品。如果你同時掌握了這兩樣,你將是無敵的。

很多人會有一個失誤,認為做出好產品後酒香不怕巷子深。但實際上,銷售優先於產品,酒香也怕巷子深。就連蘋果公司創業伊始,也是賈伯斯主要負責銷售,沃茲(Stephen Gary Wozniak)負責產品。當然,產品並非不重要,實際上,產品非常重要。蘋果公司能成功,也得益於賈伯斯在產品設計方面超人一等的理念,但這不妨礙銷售的重要性。銷售 × 產品 = 收入,這個公式裡任何一個因素是 0,結果一定是 0。

而在建構人與人的關係中的銷售,就是要更多地展示你自身的價值和優勢,讓對方看到你,注意你。這樣,你這個「產品」才會得到最大的價值回報。尤其線上上社交中,這一點更為重要。

整合人際交往圈子，讓資源取之不盡

用三個思維，三個方法整合人際交往圈子

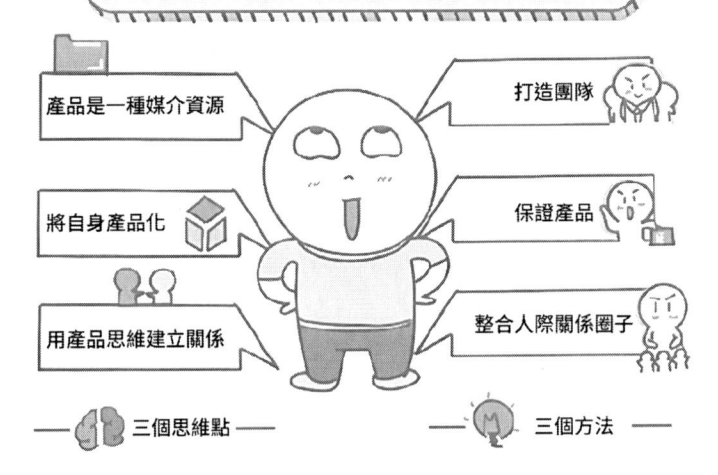

- 產品是一種媒介資源
- 將自身產品化
- 用產品思維建立關係
- 打造團隊
- 保證產品
- 整合人際關係圈子

三個思維點　　三個方法

Part2　在虛擬網路上打造高效社交

Part3
線上下打造社交高手

和陌生人交談，
打造社交高手第一步

我們要明白一個道理，每一個朋友都是由陌生人演變而來的，你要想讓自己的人際關係網不斷擴大，結交更多的朋友，擁有更多的客戶，就必須主動和陌生人打交道。只有這樣，你才能不斷擴大自己的人際關係網。

很多成功人士在總結自己的經驗時，都會把「和陌生人說話的勇氣」這一點放在重要的位置。當今世界上頂尖的演講者安東尼·羅賓斯（Anthony Robbins）就曾經說過，失敗者與成功者最大的區別在於他們對陌生人的態度。

與陌生人能自如地交談，是贏得客戶、獲得他人認同的第一步。但很多人非常恐懼與陌生人打交道，認為自己性格內向，不擅長與人打交道。

瑞士心理學家卡爾·榮格（Carl Gustav Jung）有一個關於人格類型的觀點，他將人的心理能量分成兩種類型。

1. 外傾型

(1) 容易忽略自己的內心，從而在現實社會中迷失自我。
(2) 善於交際，並善於處理棘手的突發事件。
(3) 自信心滿滿。
(4) 性格開朗活潑，感情流露真切。
(5) 獨立、輕率，最缺乏自我批判的勇氣。

2. 內傾型

(1) 太重視自己的內心世界，興趣方向根據內在世界的變化而變化。
(2) 不擅於交際，但好沉思、自省。
(3) 缺乏自信，容易受外界影響而害羞，較內斂。
(4) 性格內向甚至孤僻，不擅於表達自己的情感。
(5) 為人穩重，心思細膩，容易換位思考問題。

外傾型就是我們理解的外向，內傾型則是內向。內傾型的人就無法擁有一個好的表達能力嗎？

某企業家在演講的時候說：「你們別看我站在臺上能說那麼久，其實我是個很內向的人，參加超過 5 個人的飯局我就會全身不舒服，每次飯局結束以後，回家我都要一個人待

著讀一天書,才能緩過來。」

有很多人問他:「你平時一天都不說幾句話,還能上臺當老師?」

但他認為,內向的性格決定了自己不會被別人所左右,但誰規定內向的人就不能當老師了?

話雖如此,但對於內向的人而言,要與陌生人交談,需要一點點冒險精神。所以對於一些不知道該如何與陌生人交談的人,在你要邀請對方和你持續溝通前,你需要為自己設計好一套交談的方案,這樣你就能很快和陌生人打成一片。這套方案包括 5 點。

1. 從一個恰當的時機或者對象開始

假如一群人在聊天,你很突兀地插入進去,這肯定是不適合的,但是如果在他們停頓的時候,你順著話題不經意地插入,那就是一個恰當的時機。

什麼是恰當的對象呢?當你發現一群人都在玩手機,只有一個人在左顧右盼,沒有拿起手機時,這個人就是你恰當的對象。因為對方也有可能和你一樣,有想交流的欲望。

2. 善用傾聽，獲得他人好感

世界著名業務員喬‧吉拉德有一句名言：「世界上有兩種力量非常偉大，一是傾聽，二是微笑。你傾聽對方越久，對方就越願意接近你。」

小馬是一個機械裝置業務員，有一天，他去拜訪曾經在自己公司購買過機械裝置的客戶王先生。見面時，小馬照慣例先遞上自己的名片並說：「您好，我是××機械裝置公司的小馬……」

小馬話都還沒說完，客戶王先生就非常生氣地打斷了小馬的話，開始抱怨對這個產品和購買產品時員工的服務態度等種種不滿。

王先生一直在數落，小馬就一直在認真地聽，一句話也沒說，過了好一會，王先生終於把自己的怨氣都發洩完了，抬起頭才發現小馬不是之前合作的業務員。王先生有點不好意思地對小馬說：「年輕人，把你們的最新產品目錄給我看看，跟我介紹介紹吧。」

最終小馬完成兩臺最新裝置的銷售單，而他從見到客戶到簽完單，總共講話都不超過 10 分鐘。王先生說：「我是看你非常實在，有誠意又很尊重我，所以我才向你下單的。」

美國勵志大師戴爾・卡內基說：「在生意場上，做一名好聽眾遠比自己誇誇其談有用得多。如果你表現出對客戶的話感興趣，並且有急切想聽下去的願望，那麼訂單通常會水到渠成。」這也是小馬最終成功的主要原因。

3. 抓住對方感興趣的點

要想釣魚，就得用對魚餌。如果你對一個喜歡搖滾音樂的人大談古典音樂有多好，那麼猜想你除了得到一場辯論以外，很難收穫什麼。

著名呼吸系統專家去英國進修時，很希望可以了解更多國外先進的醫學臨床技術及最新情況，所以他向羅伯特教授提出請求，希望可以到羅伯特教授主持的一個非常著名的臨床醫院去看看，並且如果能一起巡房，實地學習一下就更好了。

羅伯特教授只答應給他 10 分鐘的時間。

專家見到羅伯特教授的第一句話就是：「我讀過您的一本書——《醫學生的伴侶》，覺得它很有意思。」

羅伯特望了一眼專家，有些懷疑地問：「你真的讀過我這本小冊子？」

專家點頭，並對書中一些主要觀點進行了簡要的敘述。羅伯特教授聽到這些一下子就興奮起來，對他產生了極大的興趣，丟下了手中的筆，擺出了一副要長談的架勢。

專家見此很及時地問了一句：「我們不是只有 10 分鐘時間嗎？」

羅伯特連忙搖頭說：「不，不，完全沒有限制。」

兩個人一直談論了一個多小時，並且一起去檢視了病房。臨別時，羅伯特教授還把一本剛出版的精裝版《醫學生的伴侶》送給了他，而且在書的扉頁上認真題了字，「贈給鍾醫生 —— 羅伯特」。

美國哲學家杜威（John Dewey）曾說過：「人類本質裡最深遠的驅策力，就是希望具有重要性。」無論是誰，只要你能找到對方感興趣的，或者對方的「得意之處」，投其所好，對方都會因為得到重視而迅速對你產生好感，畢竟酒逢知己千杯少，話不投機半句多。你同意嗎？

4. 從對方的利益出發

凡事先從對方的利益出發去思考，你會發現，這樣一來，對方更容易注意到你，並對你產生興趣。

有這樣一個故事，有個人晚上去存款，恰好遇到他存款的 ATM 故障了，一萬塊錢被吞，於是他打電話聯絡銀行，結果銀行方告訴他要等到第二天上班後才能來修理。正在煩惱的他靈機一動，想到一個好主意，他又撥通了銀行的電話說，ATM 多吐了一萬塊錢出來。於是，5 分鐘後維修人員就過來修理機器了，他最終也拿回了自己被吞的錢。

當你需要獲得別人的注意時，你首先需要考慮的是對方的利益，將對方的利益和自己的利益結合起來，對方就更容易和你產生連繫。

5. 先認同對方

紐約高級座椅公司的總裁亞當斯想約見商人喬治・伊士曼（George Eastman），並希望能得到伊士曼兩棟大樓的座椅訂購生意。

和伊士曼見面後，亞當斯沒有過多介紹自己，反而非常誠懇地對伊士曼的辦公室設計表達了自己的喜愛，並且利用辦公室裝飾材料的一些細節，向伊士曼展現了自己的專業知識。

伊士曼非常開心，因為這間辦公室有一部分是他自己參

與設計和建造的。他帶著亞當斯參觀了房間的每一個角落，並且把自己參與設計的部分也一一指給亞當斯看，還向亞當斯講述了他早年創業時艱苦奮鬥的過程。最後，亞當斯如願以償地拿到了那兩棟樓的座椅訂購生意。

卡內基先生曾說，一個人要得到另一個人的喜歡和認同，有一點很重要，就是在此之前，要先讓對方感受到你的誠意，即你對他的欣賞和喜歡。

因為從人性的角度來說，人都是渴望被人喜歡，希望自己受到認可的。人與人之間的感受本是相互的，只有當一個人感受到對方在情感上向自己釋放的溫暖時，他才有可能給予回饋。任何感情都是如此。

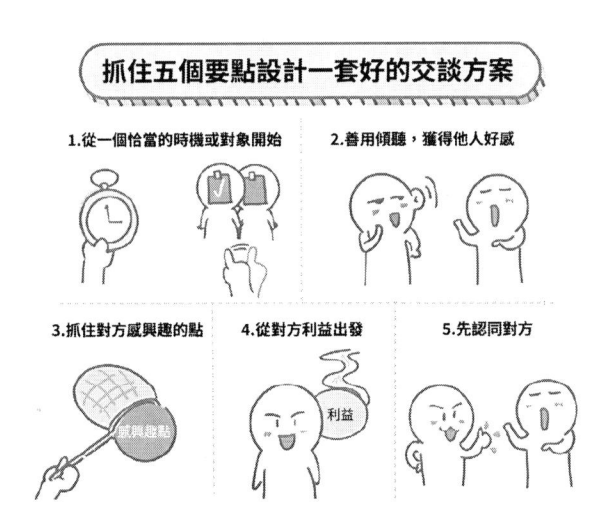

抓住五個要點設計一套好的交談方案

1. 從一個恰當的時機或對象開始
2. 善用傾聽，獲得他人好感
3. 抓住對方感興趣的點
4. 從對方利益出發
5. 先認同對方

引起老闆重視，
快速向上發展有效資源圈

　　管理心理學認為，位高權重的人更需要安全感，一方面是由於工作壓力，另一方面是由於權力爭鬥。老闆需要做的事情很多，需要應對的挑戰也非常多，他們必然會遇到自己不好處理或者依靠自身無法完成的事情，這個時候，他就會需要一個能幫助自己的人。

　　朱元璋剛攻下南京時，根基未穩，力量很薄弱，不足以和其他的起義軍抗衡。面對這種情況，朱元璋一籌莫展。這個時候，一個叫朱升的人出現了，他依據當時的客觀形勢，向朱元璋提出了「高築牆、廣積糧、緩稱王」的九字策略。朱元璋按照這個策略方針，穩紮穩打，最終奪得了天下，而朱升也被召至應天府做了朱元璋的重要謀臣。

　　由此可見，能協助上司解決問題的下屬，是老闆非常需要並且看重的對象。

　　既然如此，那我們在職場中，如何成為一個可以協助老闆解決問題，並且被老闆需要和看重的對象呢？有5個「位置」，只要你做到了，就會被老闆所青睞。

1. 定位：老闆的需求就是你的定位

公司每年 10 月至 12 月是最忙的時候，副總經理會把各個部門的主管都召集起來，成立一個專案突擊小組，整合本年度公司資源，包括財務資源、人力資源、物力資源等，預算接近 1,000 萬。專案小組的負責人通常是臨時委派的。

老余是這次專案小組的臨時負責人，在完成這個專案後，他沾沾自喜，認為自己非常了不起，做事變得浮躁，並在公司裡頤指氣使。第二年，副總經理就再沒有安排他做專案負責人了。

在職場中，很多人對自己沒有明確的定位，這樣就很容易產生一種越位的情況。當你越位時，你的上司就會感到威脅，你的職位也就不穩了。所以，不要越位，是職場人要知道的第一件事。

那怎麼定義自己的位置較適合呢？我們先要了解定位的含義是什麼。簡單來說，定位指的是你該做什麼，不該做什麼。而在職場中，要找到自己的定位很簡單，你只需要明白上司對你的需求是什麼，那就是你的定位。

舉個簡單的例子。在職場中我們經常要參加很多會議，有些人需要主持會議，有些人需要組織會議，有些人需要在

會議上做彙報，有些人需要在會議中做紀錄⋯⋯每個人在這個會議中的角色不同。根據你在這個會議中的角色，去確定自己的定位是什麼，然後做好自己的本職工作。該主持會議的，不要拿著話筒自己講個不停，而不給別人發言的機會；負責記錄會議的，就要做好會議紀要，不要左顧右盼、胡思亂想。

2. 到位：把工作做到最好

一個商務助理對專案經理抱怨工作內容太嚴苛。

專案經理問：「每週五下午下班前要將所有的數據統計清楚發給我，格式要按照標準，不能有任何錯誤，這些難道不是對一個商務助理最基本的要求嗎？」

助理：「沒錯，這些都是我的工作，但是他們都是在週五上午才把數據給我，我只有一個下午的時間統計，經常做不完，所以才會出錯。」

專案經理：「做錯事情你還找藉口？把工作做好本來就是你的職責，同事們的數據交晚了，你就應該加班完成。即便不加班，你也應該遞交申請，晚一點交也可以啊，而不應該出錯。」

這樣的場面，在職場中經常會見到，員工內心難免抱怨：又不是什麼大錯，要不要那麼凶？只是錯了那麼一點點，要不要那麼嚴格？誰能保證工作絕對不出錯？他們不準時交，導致我沒時間確認，這為什麼要怪我？

如果你真的有以上的想法，那你就真的是大錯特錯了。因為上司在安排工作任務給你的時候，認為這些工作就是你職責以內的，交給你，你就應該按照要求完成，如果你無法按要求完成，上司就會認為你不是一個稱職的員工。

在把自己的工作做好的同時，還應適當把自己的工作做到超出上司的預期。那麼怎麼做才能超出上司的預期呢？

(1)明白上級對你的預期

舉例：上司讓你完成一項工作，週四要完成，如果你週三就完成了，那就是超過了上司的預期。但如果你週五才完成，這就會在上司的心中留下不好的印象。

(2)做好工作細節

舉例：上司讓你完成一項工作，你可以主動和上司討論，將你的想法、做法告訴對方，或者讓上司將他的想法告訴你。在進行工作之前，提前和上司溝通你的工作計畫和進度。這樣會讓上司與你建立起良好的信任關係。

3. 補位：主動幫忙解決問題

楊升是某個自媒體公司的營運主管，進入公司後，僅僅用一年的時間，楊升就升到了現在的職位。而很多和他同期進來的同事，甚至比他更早進入公司的同事，都還停留在原地。

有朋友問他訣竅是什麼，楊升說：「老闆對我的態度，決定了我的升遷速度。我做任何工作都會盡自己能力做到最好，同時，我還會幫助上司完成任務，和上司形成一種互補關係。假設上司遇到一些很著急處理或者棘手的事情，我就主動接手去完成。在完成後，我也不搶功勞。上司受到公司的肯定和器重，那我就跟著上司一起往上升了，因為上司需要得力助手時，首先考慮的肯定就是我。」

補位最重要的訣竅就是，哪裡需要你，你就到哪裡。你能補位的次數越多，上司就越看重你。而當別人需要補位的時候，你能幫別人，反之你需要幫忙的時候，別人也會幫助你。

4. 換位：從老闆的角度出發

要能和上級同頻道，你必須先具備領導者視角。什麼是領導者視角？

比如你很會設計造型，會利用自己的專業和經驗，將客戶服務得非常滿意，並且你為了賺到更多的錢，會加班加點，多接待幾個客戶。但結果是你再怎麼辛苦，再怎麼提升自己的專業技能，也不過是一個不錯的造型設計師。

而如果你在為顧客設計完造型後，去思考，我怎麼能把這個設計造型的方法變得可複製？我能不能開一個造型設計培訓班，然後自己也開一家造型設計公司，請比我更厲害的設計師過來，一邊授課一邊服務客戶？

同樣提供服務，光想著提升自己的，就是員工視角；想著如何發掘商機的，就是領導者視角。這就是人與人之間思維的不同，站在不同的角度去看待同一個問題，得出的結論就會不同。

領導者視角帶來的好處不僅僅是決定你是否可以坐上那個位置，還可以指引你成為一個更優秀、更值得被人信賴的人。同樣的道理，如果你在工作中可以運用領導者視角，那你和你的上級主管，就可以很容易地進行同頻道溝通。

5. 站位：自我心態管理

小田是一個設計院的設計師，他最煩的事情就是，主管每次都交給他最難搞的甲方、最緊急的任務、最刁鑽的選題……這些都是同事們避之不及的，但是小田無法拒絕。

小田向主管抱怨，但主管說：「你是我最看重的員工，我相信你的專業能力，你可以做到的。」

漸漸地，小田產生了倦怠心理，越來越不想工作，一想到工作難度就開始逃避，能拖就拖。團隊的同事都說他變了，不再像以前那麼積極肯幹了。主管對小田的變化也看在眼裡，漸漸也就對小田沒有那麼看重了。

小田慢慢發現，主管把這些高難度的工作任務都交給了另一個專業能力不如自己的同事小林，包括一些重要的專案也都交給了小林去完成。小林雖然專業能力一般，但是工作兢兢業業，總是盡量把主管交代的每項工作都做好，哪怕自己私下加班。

兩年後，主管升遷，指定小林來接替自己的位置。原本同期進來的同事，突然變成了自己的直屬上司，小田這才意識到這一切都是自己造成的，懊悔不已。

像這樣的場景，在職場中隨處可見。對於上級而言，專

業能力不足,可以透過後天訓練提升,但是一個人若沒有責任心,哪怕能力再強,也會讓上級慢慢失去信心。

在職場中,你一定會遇到一些超過能力範圍的工作任務,面對困難的任務,很容易產生一種畏難情緒,所以你要學會調整自己的畏難情緒。如何調解自己的畏難情緒呢?你需要做以下 3 個步驟。

(1) 先假設這個目標自己是可以達到的

信念對於一個人是否可以成功非常重要。如果你認為這件事你無法完成,那你就一定無法完成,所以先提前給自己做好心理準備工作,告訴自己這個目標雖然高,但是可以完成。

(2) 先制定可執行的行動計畫

要完成高難度目標,你需要先把目標拆分成幾個不同的小目標,想辦法完成一個一個小目標,這樣你的成就感會不斷增加,並且完成目標的難度也降低了。這在下一章中我們有詳細講解。

(3) 不要高估自己,也不要看輕自己

很多職場人會被困難打倒,最主要的原因是對自己有過高的評價和期待,然後一旦完成不了,就會一蹶不振。你需要做的是從現實出發,客觀看待自己的能力。

Part3　線上下打造社交高手

■ 妙用飯局，高效打造優質關係

有句老話，民以食為天，說的就是東方人對美食的態度。對於西方人，冷牛奶加麥片，三明治加火腿片，或者一份馬鈴薯泥加幾塊牛肉、生蔬菜的飲食習慣，東方人忍不住就會「吐槽」：「這叫正經八百吃飯嗎？」

中餐食材多種，烹調方式多樣，口味也差異巨大。據說「飯局」一詞是宋代人發明的，距今已有上千年的歷史。宋人把「飯」與「局」連成一體，盡顯玄妙。

飯局文化歷史悠久，有很多重要的歷史事件都是在飯桌上發生的，有的飯局甚至還影響了歷史的發展。比如宋太祖為加強中央集權的「杯酒釋兵權」，又如曹操與劉備「煮酒論英雄」，再有藺相如與秦王鬥智鬥勇的「澠池會」，還有充滿殺氣與凶險的「鴻門宴」……各式各樣的飯局數不勝數。

同時還有貫穿清代數百年歷史的「滿漢全席」，始於康熙，盛於乾隆時期的「千叟宴」，更是達到了飯局的最高境界。而現今，飯局已然成為重要的社交場合之一。

曾經有一個企業家對飯局發表過這樣的看法：「作為社交方式的中式飯局，可以向對方傳遞一個『自己人』的訊

息。這代表親近，認同你是自己人，要辦的事情先不說，先吃。這樣就不會讓人感覺太勢利。如果事情辦不成，那就一起吃頓飯，這樣也不會傷面子。但如果用一種正經八百的方式去談正事，就會覺得這樣太緊張。我們在飯桌、酒桌上更容易敞開心扉。」

所以如果說你想與一個人拉近距離，培養感情，那就和對方吃頓飯吧。飯局，就是一個很好維護你與他人關係的方法，但也要切記，避免急功近利，要以真誠交朋友的心態去交往。因為只有靠真心維繫的友誼才能長久。有時候你企圖得到的東西越多，可能實際得到的越少。

中式飯局的目的是社交。每個飯局的作用都不同，因此組織一個飯局，必須要先想好邀請的人選。被邀請的人，都會很關心你邀請了誰，估算自己在邀請者心中的位置，還要看看這其中有沒有和自己有過節的人，有沒有和自己很投緣的人，這些因素都會決定被邀請者去或者不去。所以如果你是組局者，這些細節都要考慮到。

我們要邀請人吃飯時，一般會優先考慮 4 類人。

1. 對你目前工作、生活而言重要的人

飯局是你和重要的人加強連結、增進友誼的重要方法。如果你認為一個人對你很重要，但是你連飯都沒和對方吃過，那麼他對你有多重要就需要打個問號了。亞洲人非常喜歡在飯桌上談感情，任何事情都可以在飯桌上邊吃邊聊，飯畢，如果談攏了，那麼皆大歡喜，就算談不攏，那人情也還在。

2. 你潛在想要結交的人

在一些大場合裡認識的人，哪怕能多聊幾句，也就是匆匆一面。如果希望未來能與對方進行更進一步合作，或者更進一步深交，那一起吃頓飯是最好不過的選擇了。

3. 有好感的人

經常有人問我：「我想追求某個人，應該怎麼做？」我說：「那你就約對方出來吃頓飯，吃飯看人品，你可以觀察對方，對方也可以觀察你。」多吃幾次飯，你就會知道這個

人是否適合。如果適合,那就可以更進一步發展;如果不適合,也可以及時調整自己的態度。

4. 和你關係好的人

和關係好的人相聚,是一種心靈的滋養。

關係好的人,包括朋友、同事、同學、親戚等。與這些人不一定要講究交往頻率,可能很久才約見一次,不一定需要在高級餐廳聚會,只要能聊天和敘舊就行。

關係好的人比較好邀約,那關係並不要好的人要怎麼邀約,才能減少被拒絕的可能性呢?

(1) 找大家共同認識的,或者對方感興趣的人一起吃飯

通常中間人就是起一個潤滑劑的作用。假設你想邀請一個你不熟悉的人出來吃飯,你們之前並沒有太多的交流或者溝通,對方的很多情況你並不了解,那對方熟悉或者感興趣的人,就是一個非常好的媒介。

(2) 先清楚表達自己的目的,
並傳遞自己可以為對方帶來的價值

有個學生在找我學人際關係心理學課程之前,有一個非

常大的困擾,她每次想約人總是約不出來。我看了一下她的邀約簡訊,她是這樣寫的:「姐,您最近什麼時候有空啊,有空出來吃個飯,聊一聊?」

對方給她的回覆不是「忙」,就是用各種理由推脫了。

我告訴她,你需要把你見面的目的和想聊的事情,包括你可能會帶給對方什麼樣的價值表達出來,這樣你才會有更大機率約到這種不熟的人。

比如你可以說:「姐,我最近在做一個關於×××的專案,因為知道您的社交圈很廣,所以我很想和您聊聊,看看我們是否有什麼可以合作的地方。您看什麼時候您比較方便,我請您吃個飯。」

學生按照我說的發了訊息給對方,很快對方就回了訊息,並且確定了見面的時間。

(3)找離對方工作地點近的地方,從午餐約起

你可以在到對方附近辦事時,邀請對方共進午餐,有什麼比這個理由更容易邀請對方出來吃飯的呢?但是這個邀約,一定要避免臨時邀約,一定要提前最少1天,最多3天,告訴對方這件事情。

當然,如果你是特地過去拜訪的,也可以用這個藉口,但是也必須要提前告知對方。因為這樣會讓對方感覺

到你的重視，也顯得非常有禮貌。邀約的方式可以是：「您好，下週三我會在您公司附近辦事，不知道午餐您是否有安排，我想邀請您一起吃個飯。」也可以是：「您好，週三中午不知道您是否有空，我想邀請您一起用餐，我最近有個專案，想請您給我一些建議，也想看看我們是否有可以合作的地方。」

如果你是為了追求對方，那你也可以直接說：「我下週三會在你公司附近辦事，聽說有一家很不錯的餐廳，不知道你中午是否有空，可以陪我一起去試試嗎？」

除了要知道邀約的技巧外，你還需要知道該如何選擇早中晚餐才是最適合的。

一般來說，早餐時間較為倉促，比較適合約見因為工作原因必須要見的人，而不適合約見初次見面的人。早餐見面談事，都是目標明確，不用太多寒暄，直奔主題，談完後再約下次。

午餐是一個可以高效增強弱連結的選擇。一般來說，午餐的成本比較低，因為下午大家都會有工作安排或者其他事情，所以不一定會去非常上等豪華的餐廳，多數會選擇工作場所附近的地方用餐，而且中午大家一般不喝酒，也省了昂貴的酒水費用。同時午餐也不占用太多私人時間，比如有些

有家室的人，晚上下班後要回家照顧孩子、照顧家庭，所以接受午餐邀請的機率會更高。並且如果是異性的話，在白天邀請用餐也會更得體一些。

如果你想讓對方不要對你防禦性那麼高，午餐也是一個非常好的選擇，因為午餐會讓人感覺更隨意一些，而不會過於正式。同時，午餐應多安排在距離對方近的地方，有利於對方安排時間，這樣就算是不熟悉的人，也不會以工作忙來推脫。一對一的午餐時間，會讓對方感覺到你對他的重視，也可以更充分地進行交流。

在高效運作的城市，除了午餐外，還有一個社交邀約時間的選擇——下午茶。下午茶一般是除了午餐外，最容易邀請對方出來談專案的時間。若對方的午餐另有安排，或者有些公司會在中午進行午餐會議，那麼大概下午3點鐘，你可以邀請對方一起喝杯咖啡，或者出來坐坐。下午茶的作用和午餐的作用，有異曲同工之處——不太正式，能讓人輕鬆交流。

晚餐一般來說需要進行較長的時間，而且商務晚餐多數都會安排酒水，這是東方傳統的酒桌文化，除非大家都是不喝酒的，否則避免不了。在酒桌上，無論你酒量大小，都要注意不要過度飲酒，把自己喝醉，這樣容易酒後失態，會讓

人留下不好的印象。晚餐一般是比較正式的場合,所以在選擇餐廳和選擇餐品的時候,要考慮到所有參與的人的口味和習慣,並做到葷素搭配,越是重要的場合,越是要有一些有分量的菜,比如這家餐廳的招牌菜等。

那是不是要建立人際關係,就一定要請人吃飯呢?不是的。在我的課堂上,有學生曾經問我:「怎麼和別人開啟話題?」

這很容易,可以從美食開始。問問對方最喜歡吃什麼菜,有沒有吃過哪家不錯的餐廳可以推薦,或者對方老家道地的家鄉菜館,有哪些特色。

而當你真的去了對方推薦的餐廳用餐,那麼回來後別忘了與對方交流一下,告訴對方你印象最深刻的菜是什麼,問問對方自己是不是漏點什麼招牌菜了。如果對方提到一些菜你沒有點到,你可以和對方說:「下次我要帶上你一起去,這樣點菜才放心。」

如果對方推薦的菜你都點了,那你也可以向他推薦你吃過的,感覺不錯的菜,建議他下次也可以去試試。這樣一來二往的,你們的關係不就變得熟悉起來了嗎?

美國著名社會心理學家亞伯拉罕·馬斯洛(Abraham Harold Maslow)提出過一個需求理論,在他的理論中,食物

位於最基礎的生理需求中,所以在超連結時代,吃飯成了一個與人連繫的最好工具。

要搭建和維護好人際關係,就要學會巧用這個工具,讓它發揮出其效力來。所以,盡量不要一個人去吃飯,應多與他人聊聊美食。

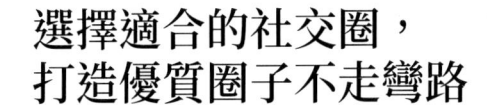

選擇適合的社交圈，
打造優質圈子不走彎路

環境對於一個人的影響是巨大的，它會影響你的判斷和行為。很多家長哪怕再辛苦，也要把孩子送進好學校。大學能考上研究生的，很多都是一個宿舍的人。這樣的例子也非常常見。一個集體可以造就一種環境，一個集體就是一個圈子。

無論你是否會刻意地去經營自己的圈子，都會不自覺地進入某個圈子中。你如果不清楚自己選擇圈子的方向，那便很容易進入一個不適合自己的圈子。在受到一些消極的影響後，你就會因為這個圈子變得沮喪和頹廢。

那怎麼樣才能找到適合自己的圈子呢？有以下 3 個建議。

1. 確定方向 + 正確的開啟方式

45 歲的方鳴自己創業，住在一棟小別墅裡。他的社交圈子基本上只有 3 個：一是各種商業聚會和論壇，二是在當

地的海歸團體的聚會，三是各式各樣的家庭派對。

方鳴剛搬進他的別墅時，沒有像其他鄰居一樣偷偷在後院裡蓋房子。他希望自己可以像美國人那樣，在自家院子裡烤肉喝酒、晒太陽、招待朋友。

現在方鳴做的烤肉經常會吸引各種朋友專門來吃，吃完後對方就會約方鳴下週來自家的飯局。幾年下來，方鳴感覺大有收穫，不需刻意經營，自己的社交圈子就在不知不覺中變大了。

而且在生意上，這種社交關係往往比單純的「換名片」更可靠。方鳴說，他最近的一樁生意，就是在這個圈子的朋友的幫助下做成的。

受到種種因素影響，包括財力、精力等，人是不可能無限地認識和結交他人的。每個圈子都有其特殊性和封閉性，因此在選擇圈子的時候，你需要找準對自己有幫助的圈子。

首先你要考慮和自己職業相關的圈子，即能為你的職業或者副業提供支持的圈子。

其次你可以找你感興趣的圈子，比如你喜歡閱讀，就可以選擇一些讀書會、書友會等這樣的圈子。

最後你需要選擇相處舒服的圈子，並主動組局，這樣才能把圈子越滾越大。

2. 別讓「不好意思」害了你，要學會拒絕

　　67歲的陳阿姨參加舞蹈團體，認識了很多新朋友。因為陳阿姨特別熱情，人也很好說話，誰找她幫忙她都願意，誰家有了困難陳阿姨也樂於照顧一下。久而久之，大家都知道了陳阿姨人很好說話，所以一有事就都來找陳阿姨。陳阿姨曾經也對此引以為傲，但慢慢地，陳阿姨發現自己每天越來越忙，事情越來越多，有時候三更半夜還有人打電話給她請她幫忙。漸漸地，老伴和孩子都對陳阿姨有了意見，說她自己家裡都沒顧好，還管那麼多別人家的閒事。陳阿姨覺得自己特別委屈，她也沒想到事情會變成這個樣子，但是別人都找上門來了，肯定是因為相信她，她便無法拒絕別人的請求。所以陳阿姨越來越不開心，家裡的矛盾也越來越多。

　　我相信你也曾經有過陳阿姨的感受：委屈了自己去討好別人，但並沒有得到別人的認同，反而遭人埋怨。

　　其實想要人人都喜歡你，這本身就是一個美好卻不可能實現的理想。因為這個世界上，總有人不喜歡你，無論你做得多好，或者多優秀。如果你只是一味地付出，別人只會覺得你是一個可以被大量索取的人，而你自己也會感覺很委屈，因為你的付出不一定會得到你期待的回報。這樣一來二往，你們的關係就會變得扭曲，很難維持下去。

因此，學會找藉口，找理由，拒絕對方的過度索取，才能最終實現同樂。你要明白，你沒有必要把不是你的責任，背在自己身上。

3. 注重人品，信任是基礎

秦末漢初，韓信投奔劉邦後，因為蕭何的力薦被推舉為大將軍，為劉邦統一天下建立漢朝立下了赫赫戰功。但是劉邦做了皇帝以後，對韓信越來越不放心，就同蕭何商議該怎麼辦。最終，設計把韓信騙到宮中殺害的，正是當初力薦他的蕭何。

這就是成語「成也蕭何，敗也蕭何」的由來。意思是，不論是成功還是敗亡，都是由於同一個人。

混圈子也是一樣的道理。圈子裡的人是會互相影響的。等大家熟悉後，你會發現一個很有意思的現象，在一個圈子中，人品特別重要。如果你被圈子裡的某個人認可，你會發現大家都願意和你交往，也願意和你交流更多的資訊。同樣地，如果一個圈子裡的人說你人品不好，那很容易讓大家對你的印象變得糟糕，逐漸遠離你。

在心理學中，有一個概念叫信任效應，講的是人們會信

任可信度高的資訊的一種行為。這種行為的影響因素包括資訊來源的專長、可靠性和信譽。

所以即便在一個大家都已經熟悉的圈子裡，也不要覺得什麼話都可以在圈子裡說，尤其是一些背後議論他人的話，更是不能說。

你若在別人背後說閒話，就容易被認為是一個喜歡說三道四的小人。聽你閒話的人一邊聽也會一邊提防你，甚至不再相信你。這種行為是得不償失的，還會為今後種下禍根。

三個建議找到適合的圈子

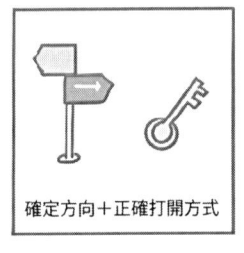

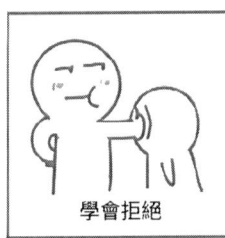

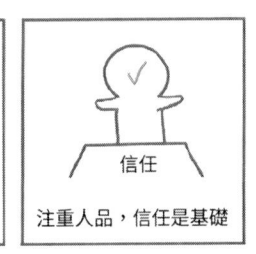

| 確定方向＋正確打開方式 | 學會拒絕 | 注重人品，信任是基礎 |

善待競爭對手，
任何人都能成為你的資源

這個世界，沒有永遠的敵人，也沒有永遠的朋友，只有永遠的利益。在政治上如此，在生意場上如此，在人際交往中更是如此。你不要誤以為敵人就一定是敵人，化敵為友，有時候效果會比你想像的還要好。

1972 年，水門事件（Watergate scandal）最早是被美國《華盛頓郵報》（*The Washington Post*）披露的，尼克森（Richard Milhous Nixon）政府對此非常反感，於是決定以後拒絕接受《華盛頓郵報》的採訪，只接受其競爭對手《華盛頓明星報》（*The Washington Star*）的採訪。

收到這個消息後，《華盛頓明星報》做了一個讓所有人意外的舉動，他們發表了一份對外宣告：《華盛頓明星報》不會作為白宮的洩憤工具來反對自己的競爭對手，如果《華盛頓郵報》的記者不能進入白宮，那麼我們也將停止對尼克森政府的採訪。

《華盛頓明星報》的這個宣告得到了全世界媒體的支持和讚揚，大家都為《華盛頓明星報》喝采，也讓尼克森政府

善待競爭對手，任何人都能成為你的資源

被迫改變了原來的立場。

無論是在事業上還是生活上，其實我們都會遇到相似的情況。

方傑是某城市的服裝廠商，因為服裝行業較好做，方傑很快便多了幾個有競爭力的對手。因為都是做服裝生意的，大家的供貨對象也都是本地和周邊城市的一些大超市、服裝店、批發商等，為了搶市場占有率，方傑經常和競爭對手進行惡性競爭，互相壓價。久而久之，方傑發現自己損失巨大，因為他和競爭對手的爭鬥，變成了「鷸蚌相爭，漁翁得利」，獲益的是供貨商，損失慘重的反而是自己。

我們在發展事業的路上，總會遇到很多「敵人」，也就是同行、競爭對手，很多人都會對競爭對手有著深深的對立情緒，甚至老死不相往來，但事實上，這樣的做法是不合適的。如果你想做大做強，資源越鋪越廣，就需要多和同行交往，這樣才能對自己的事業有所幫助。

我經常會提醒想要創業的學生，當你準備要創業的時候，你首先要做的就是了解你的競爭對手。透過了解你的競爭對手，你就會大概知道你未來經營的狀況如何，然後也會明白市場的情況如何。透過了解競爭對手，你也會少走很多的彎路。

那如何才能從競爭對手中獲得有效的支持和資訊呢？這裡有 3 個建議。

Part3 線上下打造社交高手

1. 把競爭對手當作你前進的動力

　　生活經驗會告訴你，如果你懼怕痛苦，那麼你就會選擇逃避，而一旦你選擇了逃避，你就會發現緊跟而來的是更多的困難和折磨。因此，學會坦然面對困難，把困難當作自己前進的動力，你會發現自己慢慢變得越來越成功和優秀。

　　日本北海道盛產一種鰻魚，漁村裡的漁民們都以打撈這種鰻魚為生。這種鰻魚雖然好吃，但是只要離開深水區不到 12 小時就會全部死掉，所以幾乎所有的漁民捕撈回來的鰻魚都是死的。

　　奇怪的是，有一位老漁民，他每天帶回來的鰻魚都是活蹦亂跳的。由於活鰻魚比死鰻魚貴很多，所以沒幾年工夫，老漁民就成了大富翁，其他的漁民都還只是維持著溫飽。

　　老漁民一直保守著活鰻魚的祕密，直到臨終前，兒子才從老漁民口中得知活鰻魚不死的祕密。老漁民在整倉的鰻魚裡，放入了幾條鰻魚的天敵 —— 鯰魚。因為有生命危險，鰻魚們總是處在緊張的狀態中，就會不斷遊動躲避，這樣鰻魚的肺活量增大了，存活率也就提升了。

　　這便是管理心理學中的「鯰魚效應」（catfish effect），應用在日常人際交往中，也是非常有道理的。古有西漢軍事

家韓信能受胯下之辱才成就大業，今有《哈利波特》(*Harry Potter*)的作者 J.K. 羅琳 (J. K. Rowling) 能熬過多次來自生活、婚姻、事業的打擊，才收穫了《哈利波特》的經久不衰。縱觀歷史，從東方到西方，數不清的名人，都是從對手、敵人、生活的創傷中找到了自己的方向，成就了最好的自己。

在現實生活中，你要學會感謝競爭對手，因為沒有對手是可怕的。沒有競爭對手，你會慢慢出現惰性，失去目標和鬥志，久而久之就變成了弱者。你要學會感謝競爭對手，因為有了他們，你才會有成功的喜悅，有發展的可能。

2. 學會給對方一個臺階

美國著名的成功學家卡內基準備參加一個重要的學術演講，祕書莫莉在演講前錯把另一份檔案當作演講稿放進了他的公事包裡。結果演講時，卡內基照讀檔案，引起哄堂大笑。

尷尬的卡內基幽默地說：「女士們，先生們，剛才只是跟大家開了一個小小的玩笑，下面我們正式進入今天的議題。」

> Part3　線上下打造社交高手

演講回來後，祕書莫莉問：「卡內基先生，您今天的演講一定很成功吧？」

卡內基說：「是的，非常成功，臺下掌聲不斷。當我從包裡取出演講稿，剛一開口，下面便哄堂大笑。」

祕書莫莉：「那一定是您講得太精彩了。」

卡內基：「的確精彩，我讀的是一段如何讓乳牛產奶的數據。」

莫莉的臉唰地一下紅了，低聲說：「對不起！卡內基先生，我太粗心了，這一定讓您丟臉了吧？」

卡內基：「那倒沒有，妳使我自由發揮得更好，我還得謝謝妳呢！」

卡內基的寬容讓莫莉無地自容，從那以後，莫莉再也沒有犯過類似的錯誤。

要抓住別人的錯誤並指責是一件很簡單的事情。但是這樣犯了錯的人不僅不會意識到自己的錯誤，還會在內心種下一顆怨恨的種子。但如果你能以一種寬容的態度去處理，給對方一個臺階下，對方便很容易在內心產生一種愧疚和感恩的感覺，促使對方認清自己的錯誤，同時也使得你們的關係變得更友善。學會寬容待人，適可而止，窮寇莫追，是人際交往中的大智慧。

3. 尊重他人的社交規則

每個圈子都有這個圈子獨有的「潛規則」,而每個人都有自己獨有的「雷區」。

小石是一個好奇心很重的人,所以特別喜歡去窺探別人的隱私,並且以此為樂。在學校,他曾經因為亂翻別人的東西和室友起衝突,畢業工作後,他還保持著這種壞習慣。

午休時,隔壁桌的同事在電腦上和朋友聊天,小石忍不住偷偷站在同事背後看他們在聊什麼。

同事發現了小石,趕緊把螢幕擋了起來,說:「這是我的私事,你不要看。」

但小石卻想盡辦法要看,還當場大聲讀了出來。同事非常生氣,兩個人大吵了一架,被老闆知道後都被扣了本月的獎金。自此之後,小石漸漸被同事們疏遠了,最後小石只能選擇辭職。

在心理學中有一個人際關係的概念:社交距離。這個概念說的是,每一個人都會有屬於自己的空間距離,而這個空間距離,也是人與人之間的心理距離。

每個人的空間距離都應該被尊重,一旦你闖入了對方的領地中,對方肯定會感到不舒服,這樣就會產生矛盾,破壞

兩人之間的感情和關係。想要避免闖入別人的領地中，你需要放下自己的好奇心，不要過度關心他人的隱私。放下自己的得失心，不要過分計較得失，這樣才能更好地幫助自己塑造良好的社交形象，贏得他人的尊重和友誼。

同樣地，每個圈子的形成，都有它潛在的「規則」，這個「規則」也是一種社交空間，如果你要在圈子中獲得更多的認同和發展，就需要尊重圈子的規則，而不是隨心所欲，放縱自己。

Part4
提升自己,快速吸引有效社交

Part4 提升自己，快速吸引有效社交

提升自我價值，高階資源會自己來找你

初入職場的任傑因為業務不熟悉，經常會去請教那些有能力的同事。雖然任傑很謙虛也很真誠，但是對方總是不太熱情，有時候甚至會懶得理他。

任傑也不知道為什麼，直到有一天他無意中聽到這些同事私下聊天：「這個任傑太虛偽了，每天到處討好我們，還不就是為了學到更多東西，有更好的業績嗎？他有業績了對我們有什麼好處，大家不要理他。」

任傑非常生氣，但無奈自己是新人，於是下定決心一定要讓自己更強大，這樣才能讓他們對自己刮目相看。

任傑開始花更多時間研究公司的產品和業務技能，報了很多相關的培訓班。過了3個月，任傑的業務能力突飛猛進，業績一直保持公司第一。一年後，任傑被提升為業務經理，有了自己的辦公室。

每個人都希望能和比自己強的人搭上關係，但是在你沒有實力和價值的時候，你往往會發現，自己的熱情只是貼了別人的冷屁股。而讓他人對你另眼相看的唯一方法，就是讓

自己擁有足夠媲美高階資源圈的能力。

否則,當你很想接近某個社交圈子,等到好不容易進入了,結果對方發現你沒有什麼能耐,也只會把你晾在一邊。同樣,如果有一個總是向你尋求幫助卻不能帶給你任何幫助的人,時間久了,你也一樣不想理會他。因為幫助他,你需要花費非常多的時間和精力,且沒有回報,這樣的關係通常無法持久。

所以,要獲得成功,要得到他人的注意和重視,你需要明白以下 3 個重點,為成功做好準備。

1. 有一定的學識

魯國有一位思想家王駘,他的學生和孔子一樣多。孔子的學生常季不服,於是請教孔子,為什麼王駘這麼受歡迎?

孔子說:「因為他堅定自己的觀點,對於看什麼不看什麼,聽什麼不聽什麼,他都無所謂,不存在好不好、適合不適合的問題,他的內心很和諧。就連自己是否身體有殘疾都不要緊,因為他的內心很圓滿、很充實、很平靜,也因此感召了他的學生,吸引了眾人追隨他。」

常季這才恍然大悟。

思想家王駘的故事很好地說明了一個道理，人的魅力不完全來自容貌，更多的是來自內在的力量。這種內在的力量，就是你的學識。腹有詩書氣自華，當你擁有了學識，你就像一塊磁鐵一樣，不斷吸引更多的人跟隨你。

2. 注重形象管理

1995 年的冬天，小楊的面試再次失敗了。面試官說她的形象和履歷上所描述的不相符，而拒絕繼續向小楊提問。但是小楊並沒有覺得自己的形象有什麼問題。

小楊當時的房東莎麗娜太太是一個非常苛刻的女人。她規定小楊不穿戴整齊就不准進入她的客廳，有客人來訪的時候，小楊必須塗口紅。小楊不以為然，以至於有一天被房東大聲斥責了。

小楊非常憤怒地衝進了附近的一家咖啡館。她對面坐了一位英國老太太，她看起來比莎麗娜更加講究，就像伊莉莎白女王一樣尊貴與精緻。而小楊自己卻穿著寬鬆的睡褲和運動鞋。

侍者走開後，對面的老太太並不看小楊，而是從旁邊拿了一張便條紙寫了一行字遞給小楊，上面用漂亮的英文字型

寫著：洗手間在你的左後方拐彎處。

小楊抬頭看她，她正以非常優雅的姿勢喝咖啡，而沒有看自己，小楊感到非常尷尬，於是灰溜溜地走進了洗手間。

在洗手間的鏡子裡，小楊看到自己凌亂的頭髮、臉上的麵包屑和看起來廉價的衣服。此刻小楊才發現，自己這樣的打扮有多麼不尊重自己，以致別人覺得自己其實也不尊重他們。小楊開始有點明白那位面試官拒絕自己的原因了。

當小楊再回到座位的時候，那位英國老太太已經離開了，只是便條紙上多了一段漂亮的英文字：身為女人，妳必須精緻，這是女人的尊嚴。小楊逃離了咖啡店。

如今總是穿著得體、臉帶微笑，出沒於各種場合的小楊，已經是職業女性的典範。每每在公開場合分享自己的這段故事時，她都會非常真誠地提醒所有人，形象需要先走在能力前面，因為他人沒有義務透過你邋遢的外表，去發現你優秀的內在。

3. 持續投資自己

人生最好的投資是什麼？股神巴菲特曾在公開演講中說：「最好的投資，就是投資你自己。沒有人能夠奪走你內

在的東西,每個人都有自己尚未使用的潛力。」這世上唯一可靠的投資,不是那些看似來錢快的專案,而是投資在自己身上的時間和精力。這個投資包括你的身材、學識和認知。管理好身材和容貌可以幫助你建立好的人際印象,增加學識可以幫助你開啟眼界、提升涵養,擴展認知可以幫助你更高效地解決問題。不管外界如何變化,在自己身上的投資,能讓自己永遠保持增值。

同時,因為你的不斷突破和提升,你接觸的圈子也會越來越多,交往的群體也會越來越高階,自然而然,你身邊的資源也就會越來越多了。

找到自己的優勢，
吸引高品質社交圈

小美是一個直播賣服裝的主播，在 5 個月內就擁有了幾百萬粉絲。

小芳很好奇地問她：「妳是怎麼做到的？現在在網上賣衣服的人那麼多，風險這麼大，就不怕虧本嗎？」

小美笑著說：「怕啊，但是相比其他商品，賣衣服更符合我的優勢。」

小芳又問：「那妳為什麼不做美妝呢？美妝現在這麼紅。」

小美說：「現在有很多厲害的美妝網美，要和他們競爭是很困難的。服裝行業的競爭反而還沒有那麼激烈。而且我本身是讀服裝設計的，在服裝行業有很長時間的累積，也有不錯的供貨管道，所以，我發揮了自己的優勢，這樣更容易成事。」

小美的故事告訴了我們一個非常重要的訊息：專業的事情，交給專業的人去做。如果你和專業的人合作，那 1+1 就會大於 2。

> Part4 提升自己，快速吸引有效社交

當今社會對於個人專業和優勢的要求越來越高。在這種情況下，找好自己的定位，並凸出自己的優勢，才能在群體中大放異彩。那怎麼做才能找到自己的定位和優勢，並充分發揮自身的優勢的作用呢？這裡有 3 個建議。

1. 幫自己做個自我分析

在美國 101 公路上有一塊很明顯的廣告牌，廣告牌上的內容是：100 萬海外人士都能勝任你的工作，你有什麼特別之處？

這個特別之處就是你的優勢。當你能找到自己的特別之處後，你才會知道自己能做什麼，要做什麼。

如果你還不知道自己有什麼特別之處，那麼你可以試試以下兩個方式。

(1)準備一張紙和一枝筆，列出自己的優點，不少於 10 個。寫出自己擅長做的事情、做得不錯的事情、很喜歡或者是很感興趣的事情。

(2)去問問你身邊的人，越多越好，問他們對你的評價和印象，具體描述。比如你可以問他們：你覺得我是一個怎麼樣的人？你覺得我有什麼優點是讓你印象深刻的？為什麼？

透過自我分析和他人分析，把兩者結合起來，你便可以找到自己沒有發現的優勢。

2. 自己制定一個長期目標

哈佛大學曾經做過一次長達 25 年的追蹤調查，調查的對象是一群智力、學歷、環境等條件差不多的年輕人。

調查中，這群年輕人有 27％是沒有目標的，60％是目標模糊的，10％的人有清楚但較短期的目標，只有 3％的人有清楚且長期的目標。

25 年的追蹤研究結果顯示，有清楚且長期目標的人，幾乎都成了社會各界的成功人士，他們中不乏行業領袖、社會菁英。

有清楚短期目標的人，大都生活在社會的中上層。他們的短期目標不斷達成，生活狀態穩步上升，成為各行各業不可或缺的專業人士。

目標模糊的人，幾乎都生活在社會的中下層，他們能安穩地生活與工作，但都沒有什麼特別的成績。

剩下的那些沒有目標的人，則幾乎都生活在社會的最底層。

沒有哪一個成功的例子，是不經過長期堅持就可以實現的。

人們往往會高估自己在短期內取得的成績，但會低估堅持 10 年後的可能性。當你選擇一個定位後，堅持朝著這個目標努力，就一定可以做出成績。

3. 把長期目標拆成一個個小目標

如果你每天都盯著那個長期目標，比如說你的目標就是成為知名主播，年收入千萬，買下一棟上億的豪宅。那我告訴你，你可能會變得越來越不想動，因為你會覺得那個目標實在太遙遠，無從下手，不知道自己當下應該做什麼。所以我給你的建議是，把這個巨大的目標拆成一個個小目標，同時羅列出實現這個小目標需要的資源和能力，然後再一個一個實現你拆出來的小目標。

在完成你拆分出來的目標後，你會發現自己變得更加自信，也更加有信心繼續往前走。你可以想像一下，假設你想成為知名主播，將目標拆解後，你第一週的直播目標是增加 50 位粉絲，如果你發現第一週追蹤你的粉絲有 51 位，那你是不是會更有信心繼續努力？

假設第一週你的粉絲沒有達到 50 位，那你就要去思考，自己直播前期是否沒有做好宣傳工作？還可以怎麼做宣傳？是邀請更多朋友來看自己直播，還是找一些平臺合作，請他們幫忙推廣⋯⋯長此以往，你會發現，失敗並不可怕，失敗是成功的基礎。

你的每一個小目標的實現，都是邁向最終成功的重要指路牌。

用三個建議，找到自己的優勢

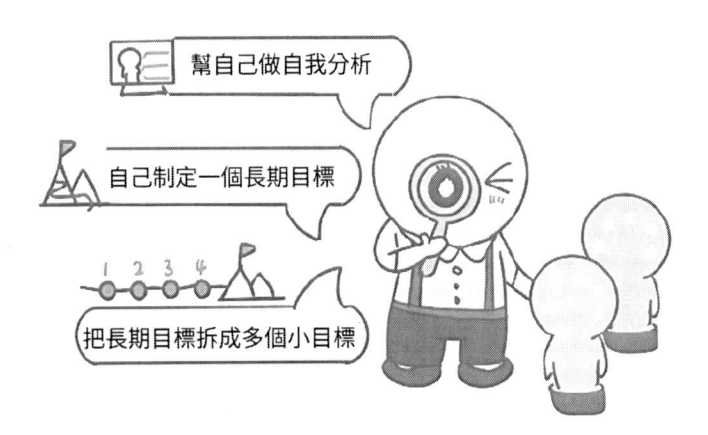

- 幫自己做自我分析
- 自己制定一個長期目標
- 把長期目標拆成多個小目標

Part4 提升自己,快速吸引有效社交

▌個人品牌差異化,讓他人印象深刻

一開始就想讓客戶白白把錢放到你這裡,那真是太難了。於是,支付平臺做了一個決定,致力於保障商品交易平臺買家的利益。在交易過程中,會產生一些購買問題,如果沒有支付平臺提供第三方保障,那買家的利益就容易受到損害。而這個保障的具體表現是:當買家確認收貨無誤後,這筆錢才會由支付平臺轉到賣家那裡。這樣也可以最大限度保障雙方的權益。

支付平臺這個決定直接導致了支付平臺與其他支付平臺出現差異化,還引得不少平臺借鑑它的平臺機制。

雖然這個案例講的是企業的品牌,但是個人品牌也是一樣的道理。可能你會好奇,個人也需要品牌?答案是肯定的。舉個例子:你情商很高,溝通能力很好,很擅長處理衝突和能快速安撫他人情緒。那公司遇到一些客戶投訴或者一些員工紛爭的時候,主管第一時間就會想到你,因為你有一個讓人印象深刻的標籤:你很擅長處理衝突危機。這個標籤就是你的個人品牌。個人品牌從某種層面來說,就是別人對你的深刻印象。

知道了個人品牌是什麼,那怎麼樣才能找到自己和別人的差異之處,從而為自己吸引來更多的相關資源,帶來成功呢?你需要明確以下 3 點。

1. 定位特徵

每個人都有自己的定位特徵,所謂的定位特徵就是,你想在別人面前讓別人覺得你是一個怎麼樣的人,可以提供什麼價值的人。比如醫生的定位特徵就是一個救死扶傷的人,銷售的定位特徵就是一個賣東西的人。

如果你不清楚自己的定位特徵,這會使他人也不清楚你的價值所在。比如你明明是一個賣美妝的,卻一直在跟別人介紹哪棟房子不錯,導致別人還以為你是一個房產仲介。

別人一想到你或者一見到你,就知道你可以提供什麼價值,這就是最能反映你與別人不同的地方。

比如醫生有不同專業的醫生,銷售有賣不同東西的銷售。牙醫專注於醫治牙齒,沒有人會找牙醫醫治頸椎病;美妝銷售推薦各種美妝產品,不會有人去聽一個美妝銷售的建議去買房子。因為專業的事情要交給專業的人去做。

2. 差異化

滿足了你能給對方帶來價值這個基本需求後，別人就會開始思考，我為什麼選擇你而不選擇其他人？

如果沒有非常牢固的關係，影響一個人做決定的最主要的因素就是你和其他人的不同，也就是差異化。你有他人沒有的東西，哪怕只是一些細微的差異，也很可能會極大地影響到別人對你的選擇。

舉個例子：A 和 B 同樣是賣衣服的銷售人員。A 是一位喜歡看國際服裝雜誌，自己也很愛打扮的銷售人員，B 只是一位普通的銷售人員。如果你是他們的客戶，你會選擇聽哪一位給你推薦的衣服呢？

我相信多數人都會選擇 A，因為 A 顯得更有品味。A 的品味展現在她喜歡閱讀服裝雜誌，喜歡打扮自己這兩件事情上。雖然好像她喜歡看服裝雜誌、喜歡打扮自己和你並沒有關係，但是一旦你需要一些購買服裝的建議，一定會優先考慮她的建議。差異化的作用就明顯地展現出來了。

3. 證據與證明

對於一個擁有個人品牌，也有差異化特色的個體而言，你還有一個不可或缺的部分，就是證據與證明。

什麼是證據和證明？證據和證明包括但不限於資格證書、個人經驗、使用者回饋等。

舉個例子：假設你想買一些幫助自己提升人際關係能力的書籍來學習，如果你知道身邊有人看過這樣的書，一定會先去問問他是否有推薦。如果你身邊沒有看過此類書的人，或者你不知道有誰看過，那你可能會上網去查一下，看看網友是否有推薦，或者你會去看電商平臺，大家對此類書的讀後感如何。

這些資訊，全部都是證據與證明。而作為個人品牌，你的證據與證明就是你的口碑。如果大家都說你是一個做事可靠、為人真誠的人，就會有更多人希望能和你交往。

怎麼樣才能為自己創造更多更好的證據證明呢？只需要做到以下 3 點。

(1) 把你所擁有的資格證書及個人學習證明用手機拍照整理，並且能在他人需要的時候，快速呈現出來。
(2) 每次給予他人幫助或者支持後，請對方給你一個回饋，並截圖儲存，以方便後期用於介紹自己。
(3) 利用各自的媒體平臺，發表個人的經驗總結或推薦等。

講好「故事」，讓好資源更快發現你

1985 年，有一位使用者向家電公司反映所購買的電冰箱有品質問題。公司執行長突擊檢查倉庫，結果發現倉庫中不合格的冰箱有 76 臺。當時有人提議，將這些冰箱作為福利送給本廠的員工。

在很多員工十分猶豫的時候，執行長卻做了一件讓大家震驚的事情，他在一個全體員工大會上，要求生產這 76 臺冰箱的員工，把這 76 臺瑕疵品全部當眾砸掉！

聽到執行長這個決定，很多老員工當時就哭了，因為當時物質緊缺，別說合格產品，就算是瑕疵品，也是需要憑票購買，這樣糟蹋東西，大家都心疼。連公司的上級部門主管都有點接受不了。

但執行長說，如果保留這些產品，就是沒有品質意識！我們不能用任何姑息的做法來告訴大家可以生產這種有缺陷的冰箱，否則今天是 76 臺，明天就可能是 760 臺、7,600 臺……所以必須強制執行標準！

也因為執行長的堅持，公司「一砸成名」。大家都認為這間公司就是品質有保障的代名詞。品牌就此走向了家電行

業的龍頭位置。

從另一個角度看，品牌之所以能因為執行長這一砸而走紅，是因為這件事情經過了全廠員工的口耳相傳。在那個沒有網際網路的時代，要讓很多人知道自己，顯然是一件困難的事情。但現在有了網際網路，要讓很多人發現自己，仍是一件非常困難的事。前者是因為媒介覆蓋面少，後者是因為曝光的途徑太簡單了，所以和你搶流量、搶關注度的人也多。因為人只有一雙眼睛，一個大腦，無法同時關注幾個人，看多則訊息。

這個現象提醒了我們一點，要讓人看見你、知道你、了解你，你需要有一個讓人記住的「故事」。

一個好的故事，會包含目標、障礙、努力、挫敗、意外、轉折和結局等要點。這是好萊塢大片的常用套路，也是大家喜歡它的原因。因為這就像我們所期盼的，經歷苦難最終獲得成功的人生歷程。

要擁有一個屬於自己的故事，你必須要具備以下幾點。

1. 原來是一個怎麼樣的人

簡單來說，就是能讓別人和你產生共鳴，比如你曾經是一個非常自卑的人，或者是一個在谷底中掙扎的人。

你可以把自己的一些訊息記下來，並且在整理的時候，去尋找品牌的故事靈感。

2. 為什麼要做這件事

清楚是什麼促使了你去做現在正在做的事情，這樣可以讓別人對你所做的事情產生認同。

3. 遇到了什麼困難，如何面對和解決

做這件事情的過程中，你遭遇到了什麼困難和挫折，比如被嘲笑、打擊、背叛、破產……你是怎樣面對這些挫折的，怎樣重燃希望和信心的。這些可以讓別人對你的經歷產生理解和感同身受。

4. 現在的成就如何

透過你的努力，你終於獲得了什麼樣的成就。

5. 給其他人提供幫助

讓大家一起加入,來到你的身邊,你會和他們一起去實現成功,歡迎大家來聯繫你。

當這個故事有一個鮮明的主題(改變命運的故事),一個普通但又具有個性和辨識度的主角,一個充滿各種挑戰的故事情節時,大家便會對它印象深刻,也會對你印象深刻,看到你所堅持的東西。

當我們有了一個好故事,我們怎樣才能把這個故事傳播開呢?你需要知道以下幾個有利於傳播的方式。

1. 長篇故事比短篇故事更容易傳播

和需要凝練的廣告詞不同,相對於短小的故事,長篇故事更容易被傳播。因為長篇故事中,更多細節容易引起大家對於故事主角的關注。比如一有熱門的新聞,各大自媒體就蜂擁而至,內容層出不窮,即使主角不變,故事內容不變,大家只是從不同的角度去講述同一個人的同一個故事,人們還是會一次次買帳,只是想著從其中挖掘更多的細節。

2. 巧用照片和圖片激起人們的情緒記憶

一張照片勝過千言萬語。人類是視覺動物,所以視覺的重要性不言而喻。巧用圖片可以加深人們對故事的理解和記憶。

3. 豐富的細節描寫讓大家感同身受

學會說好你自己的個人故事，你的影響力就會越大。因為好的故事本身就具有傳播性，也會引起更多人的關注。

制定雙贏方案，
維護高品質人際關係

從前，有兩個飢餓的人得到了一個長者的禮物，其中一人得到了那簍鮮活的魚，另一個人得到了一根魚竿。

得到魚的人馬上把魚煮了，吃了個精光。但他不久之後，便餓死在了空空的魚簍旁。

另一個拿著魚竿的人，還沒有走到海邊就沒有了力氣，離開了人世。

還有另外兩個飢餓的人，同樣獲得了一根魚竿和一簍鮮活、碩大的魚。但這兩個人沒有選擇各奔東西，而是商量著一起去找尋大海。他們每次只煮一條魚共同分享。經過長途跋涉，他們終於來到了海邊，從此開始了以捕魚為生的日子。幾年後，他們擁有了自己的漁船，還有了愛人、孩子和房子，過上了幸福的生活。

合作才能雙贏，尤其是在這個人與人密切連繫的時代。「石油大王」亞曼德‧漢默（Armand Hammer）曾經有一句名言：「關照別人就是關照自己。那些總想在競爭中出人頭地的人如果知道，關照別人需要的只是一點點的理解和大度，

就能贏來意想不到的收穫，那他們一定會後悔不迭。關照是一種最有力量的方式，也是一條最好的路。」

一個做農業種植研究的公司研究培植了一種水果，這種水果香甜爽口，而且營養成分很高，所以銷路非常好，價格也越來越高，這個公司也因此賺了不少錢。但是第二年，公司發現這種水果的銷量直線下降。經過實地調查，公司發現原來在果樹開花的時候，蝴蝶把其他果農的果樹的花粉傳到了自己家的果樹上，不同品種的花粉雜交後，水果的品質就下降了。

為了解決這個問題，公司想讓其他果農都種他們研發出來的這種果樹。但是如果要讓果農們放棄自己辛苦種了那麼多年的果樹，他們肯定是不願意的。所以這個公司的主管想了一個辦法，他把自己培植出來的果樹的種子送給了這些果農。能免費得到銷路這麼好的果樹種子，果農們非常高興，馬上就開始種植新的果樹種子了。

後來，由於這些水果品種品質非常好，銷路一年比一年好，這些果農們都因此變成了有錢人，這個公司也變得越來越大。

如果當初這個公司沒有制定這樣一套雙贏方案，到了最後，一定無法獲得這樣好的結果。在商界有一句老話：當你制定了一套雙贏方案，而對方感覺你為他們帶來了利益時，

那麼他們一定會心甘情願地幫助你。

所以，學會制定雙贏方案，會讓更多人心甘情願地幫助你。人與人的交往，很多時候是基於利益，而當你讓別人知道你身上有可以幫助他的地方，有他所需要的利益時，他才會更樂意與你交往，更樂於幫助你。

要擁有雙贏的結果，你需要擁有雙贏的思維，建構雙贏思維，有 3 點是你需要知道的。

1. 分辨人際交往模式

里寧最近發掘了一個新客戶，在談價格的時候，對方要求降價 5%，里寧堅持最多只能讓 3%。最後，一人各讓一步，在降 4% 的價格上達成一致。這個例子中，你覺得最後的價格方案是雙贏的方案嗎？答案是否定的。因為對雙方而言，他們都沒有達到預期的目的，雙方都不滿意，是一種雙輸。

而要實現雙贏，你需要分辨你目前人際交往的模式是怎樣的。一般人際交往模式分成 6 種：利人利己、損人不利己、損人利己、獨善其身、捨己為人、好聚好散。

在生活中，我們經常可以見到的人際交往模式是：捨己

為人、損人不利己和損人利己。但事實上，這3種模式都不屬於雙贏的狀態。就比如捨己為人，我們經常可以聽到一句話：「我為你付出了這麼多。」這種捨己為人的做法看著很偉大，你也的確做了很多付出，但其實是你在用「受害者心態」來綁架其他人，最終達成自己的目的。

又比如損人不利己的交往模式，往往用的都是兩敗俱傷、殺敵一千自損八百的方式。而損人利己更是一種非常自私，只考慮自身利益的行為。以這種方式行事的人，有著極大的局限性，也不會被人喜歡和信任。

而獨善其身和好聚好散，都是一種高高掛起、與我無關的態度。唯有利人利己才是雙贏。

要做到利己利人，實現雙贏。第一步必須是帶著想要實現雙贏的意識，去分辨自己當前的人際交往模式正處在一個什麼樣的模式中。

2. 擁有雙贏的品格

有記者曾經採訪李澤楷：「你的父親李嘉誠是否教會了你賺錢的祕訣？」

李澤楷說：「父親從沒有告訴我賺錢的方法，只教了我

一些做人處事的道理。父親叮囑過，你和別人合作，假如你拿七分合理，八分也可以，那我們李家拿六分就可以了。」

從李家的家風可見，李家的生意之所以能越做越大，正是因為李嘉誠深深明白雙贏才能持久，利他就是利己，所以才會有很多人願意和他合作。

李家家風展現了雙贏品質的 3 個重要核心。

(1) 誠信

以此為自身的價值觀，信守承諾。

(2) 成熟

敢作敢為的勇氣和自信，與人為善的開闊胸襟，兩者為一體。

(3) 知足

不貪，利益共享，給共同的關係營造安全感。

這樣的雙贏品格，等於為關係建立了一個情感帳戶。雙方的關係是否可以長久，取決於這個帳戶內的資金是否充足，當雙方能以誠相待、互相信任、勇於擔責時，情感帳戶的資金才會越來越充足，形成雙贏的局面。

3. 制定雙贏協定

蜜獾和尋蜜鳥是大自然中一對實現雙贏的好夥伴。它們常常相互合作，共同搗毀蜂巢。野蜂常把巢築在高高的樹上，蜜獾不容易找到它。而尋蜜鳥目光敏銳，每當它發現樹上的蜂巢後，就會去找蜜獾。

為了引起蜜獾的注意，尋蜜鳥往往會搧動著翅膀，做出特殊的動作，並發出「嗒嗒」的聲音。蜜獾得到訊號，便匆匆趕來，爬上樹去，咬碎蜂巢，趕走野蜂，吃掉蜂蜜。

尋蜜鳥站在一旁，等蜜獾美餐一頓後，再去享用蜂房裡的蜂蠟。

蜜獾和尋蜜鳥的合作，高度契合了實現雙贏的5個步驟。

(1) 預期結果：確認目標和時限，方法不限。
(2) 指導方針：規定雙方的權利、義務，實現目標的原則、方針和行為限度。
(3) 可用資源：確定可以利用的人力、物力、財力。
(4) 任務考核：建立業績評估標準和時間。
(5) 獎懲制度：根據任務考核確定獎懲措施。

找準自己的人際交往模式,利用雙贏品格,建立雙贏協定,最終實現雙贏目標。這樣才能讓更多高價值的人願意與你建立合作關係。

抓住三個要點建構雙贏思維

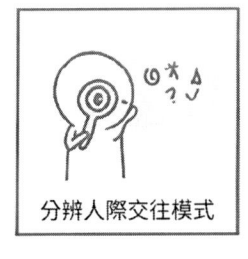

分辨人際交往模式	擁有雙贏品格	制定雙贏協議
	成熟、誠信、知足	合作、共贏

Part4　提升自己，快速吸引有效社交

Part5
不焦慮不委屈，
輕鬆建構高效社交

Part5　不焦慮不委屈，輕鬆建構高效社交

■ 先改變自己，再改變關係

　　一對白人夫妻和他們的女兒從喜來登飯店出來，突然一陣大風把小女孩的帽子吹走了，6歲的小女孩立刻飛奔到馬路上去追自己的帽子。

　　這個時候，一輛巴士正迎面而來。飯店的門僮見此立即衝了過去，一把抱起孩子滾到了路邊，才化險為夷。

　　有趣的是，這件事引起了人們截然不同的反應。

　　門僮的妻子對門僮的這個行為暴跳如雷，認為他不應該做這麼危險的事情，應該把自己的家庭放在第一位。

　　門僮的好兄弟也表達了不滿，他認為冒著生命危險去救一個兒童是不值得的，即使冒險，也應該是為救自己的同胞而冒險。

　　而飯店的老闆對這個門僮的行為大加讚賞，認為這個門僮做了一件非常無私的事，並且在聖誕節的時候，給了他一份豐厚的聖誕獎金。

　　教會的牧師知道這件事之後，對所有的信眾稱讚門僮的英勇行為：「這是一個拯救世界的人，因為你們誰也不知道，

那個孩子長大後是能成為救死扶傷的醫生,還是保家衛國的軍人,又或者是運籌帷幄的老闆。」

你發現了嗎?同一件事情,卻引起了不同的反應,這說明了一個道理,每個人看待這個世界的方式都是不一樣的。客觀現實是什麼不重要,重要的是你用來判斷事情的價值觀是怎樣的。這樣我們就能理解,為什麼在妻子的眼中,門僮是自私的;在老闆的眼中,他卻是無私的;在朋友的眼中,他是愚蠢的;在牧師眼中,他卻是英勇的。因為這一切,都是個人的價值觀在發揮作用。同樣,價值觀也無時無刻不在影響著你。

所謂個人的價值觀,指的是你相信什麼,你願意做什麼,以及你是如何去理解這個世界的人與事的。比如面對老闆的時候,「我認為」我不應該上前和老闆說話,「我應該」躲在一個角落裡頭,做一個寂寂無名的隱形人就好了⋯⋯這些「我認為」、「我應該」就是你的價值觀,是一種不斷被強化的自我約束的因素。同時,它會影響著你的行為模式及人際關係。

當這些消極的「我認為」、「我應該」在影響你的時候,你會對自己的消極行為產生一個合理化的解釋。因此,想要真正變得更好,你首先需要改變自己的消極想法,努力讓自己變得更積極和主動。

怎麼樣才可以改變自己呢？以下有 3 個建議。

1. 找到自己的榜樣

首先問自己，人際關係對你而言有什麼意義，然後幫自己尋找一個榜樣。比如，你覺得哪一位朋友或者你認識的人的人際關係是讓你羨慕的？名人又或者電影角色身上的哪些地方是你想模仿的？請把這些寫下來，然後告訴自己，你已經有了可以模仿的榜樣，只要你去模仿他，你就有可能成為和他一樣的人。

2. 改變前的準備

(1) 從默默刪除 3 個你從來沒有聯繫過的人的電話號碼或者聯絡方式開始，然後選擇 1 個你認為最重要的聯絡人，完善他的詳細情況。比如他的職業、公司、你們在哪裡認識的等。

(2) 建立人際關係清單，把聯絡方式裡的所有人根據你的需求分成 3 類。比如，第一類：確定可以幫到我的。第二類：可能可以幫到我的。第三類：完全無法幫到我的。

(3) 尋找 3 個可以招待朋友的地方。可以是一些好吃的餐廳,有特色的音樂會或者有趣的寵物咖啡廳等,甚至是一些腳底按摩或者盲人按摩、針灸中醫館都可以。
(4) 寫一段有趣的自我介紹,以防朋友突然介紹新的朋友給你。
(5) 提前準備一些不貴但是有趣的小禮物,可以在每次和朋友外出時,或者參加朋友聚會時,送給朋友或者新朋友。
(6) 記住朋友的生日,哪怕沒有及時送上禮物,也可以送上祝福。
(7) 出差回公司的時候,順帶捎一些小禮物或者小點心送給朋友。
(8) 記住朋友孩子的名字,偶爾也可以聊聊對方孩子的近況。
(9) 學著策劃一次別開生面的聚會,比如睡衣派對、炸雞啤酒小聚等。
(10) 做好給每個好朋友一個擁抱的心理準備。

3. 主動聯絡

(1) 聯絡很久沒見的朋友,告訴他們你的近況,表達希望能和他們小聚的期待。

(2) 成為聚會的大管家,不要讓「隨便」成為你的口頭禪,主動提出聚餐的地點。

(3) 在社群裡新增 3 個新好友。主動發自己的簡介給對方,感謝對方願意和你產生連繫。

(4) 主動表達讚賞和感謝,發現別人的閃光點。

(5) 主動幫助朋友牽線搭橋。比如幫單身的朋友做介紹,為尋找資源的朋友做介紹等。

(6) 聯絡欠你錢的人,了解一下對方的近況如何。

(7) 列出你收過的很棒和很差的禮物清單,以便你下次在送禮物給別人的時候,可以有所借鑑或者避開雷區。

(8) 每天花 15 分鐘和家人聊天,無論是父母、愛人還是孩子。

(9) 分享有用的訊息,比如給朋友發他可能會感興趣的應徵資訊,好吃的餐廳的地址,與對方相關的工作資訊或者書籍、電影的名稱等。

(10) 贊同對方的觀點,同時表達自己的觀點。心理學提到一個重要的人際關係概念:你認識一個新朋友,只要花

30秒在他身上，試著贊同他所說的話，並且與對方產生共鳴，你會發現，你們之間會產生正向的化學反應。如果你在贊同對方的前提下，還能提出自己的觀點，你們雙方的正向化學反應會倍增。

當你能做到以上這些時，你就發生了改變，你的人際關係也會開始發生變化。

保持距離，人際關係更自在

黎莎是公司的一個業務經理，陳莉是公司的一名新員工。兩個人的年齡相仿，因為接觸的時間長了，雙方又有很多共同話題，於是逐漸變得熟絡起來。

黎莎經常在週末邀請陳莉到家裡做客或者外出聚一聚。時間久了之後，黎莎發現有時候自己邀請陳莉時，陳莉會面露難色，雖然陳莉表現得並不明顯，但黎莎是做業務出身的，察言觀色的能力非常強，她發現了陳莉的這種情況後非常不解。一次她來找我聊天，提起了這件讓她困擾的事情。

我讓黎莎安靜下來，好好梳理一下自己和陳莉的相處情況。黎莎這才恍然大悟，原來陳莉只是把她當成了一個關係很好的同事，黎莎卻把她當成了朋友，想把她拉入自己的生活圈中。

其實她和陳莉的相處沒有什麼問題，只是大家對於彼此的「定位」不同而已。當黎莎意識到這個問題後，退回到了「好同事」的狀態，有什麼好的培訓或者課程等，會邀請陳莉一起參與，但是再也不會約陳莉週末或者下班後一起小聚、逛街了。恢復到這樣的關係模式後，黎莎明顯感受到陳

莉更放鬆，也更開心了。以這樣的心態共處後，兩人到最後還真成了朋友。

在黎莎的故事中，有 4 個點我們需要注意一下。

1. 明確交往的不同階段

(1) 人與人的交往是存在階段性的。不同階段，交情有深淺之分，不能一概而論。
(2) 如果兩人在關係中給對方的定位不一致，那麼在相處的時候，雙方就容易出現誤解或者衝突。就像黎莎和陳莉，黎莎把陳莉當成了朋友，但是陳莉只是把黎莎當成了一個好同事。大家對於在同一段關係中的定位不同，導致了雙方都出現了心理落差，雙方都對彼此感到失望。
(3) 人際關係的階段是會變化的。比如，有些人上一分鐘關係還很好，但是下一分鐘就因為一些事情翻臉。又或者好久沒聯絡的泛泛之交，也會因為一個偶然的原因，變成無話不說的好朋友。

所以你需要明白在這段關係中，你的位置在哪裡，對方的位置又在哪裡，這樣你們才能知道怎樣與對方相處。如果你對所有人都一視同仁，那不僅會讓自己耗費太多的精力和時間，也會讓自己非常疲勞，產生心理落差，造成困擾。

2. 保持適當的人際關係距離

有一個心理學家曾經做過這樣一個實驗，在只有一個閱讀者的閱讀室裡，心理學家直接拿了一張椅子坐在他的旁邊閱讀。這樣的實驗操作了近百次，無一例外，沒有任何一個人能夠容忍一個陌生人緊緊挨著自己坐下。當心理學家坐下後，有很多被試者都會默默地移到別的地方去坐，有些人甚至直接問：「你想幹什麼？」

這就是人際關係距離的問題。這個實驗給出的結論是，沒有人能容忍他人隨意闖入自己的空間。人與人之間需要保持一定的空間距離，即使是最親密的兩個人之間也是一樣的。

任何一個人，都需要有一個自己能掌握的自我空間，就像刺蝟一樣。刺蝟是群居動物，天氣冷的時候，牠們會彼此靠攏在一起，但依然會保持一定的距離，因為距離太近了，就會刺到對方，但如果距離太遠就無法達到取暖的效果。所以刺蝟們會找到一個適中的距離，既可以互相取暖，又不會被彼此刺傷。

在人際交往中，懂得「刺蝟理論」是非常重要的。日常生活中，很多人會誤認為，自己和別人的交往越親密越好，但其實不然，如果你不注意保持距離和掌握分寸，那你就很

容易在人際交往中受到傷害。所以不要因為好奇去窺探別人的隱私，揭人傷疤，甚至到處宣揚別人的隱私。

過度熱情也是錯，別忘了一個「度」。你只有找到了和別人交往的適中距離，才能保持人際關係的和諧與平衡。

3. 避免無效社交

假設你著急要去辦事，這時突然出現一個人拉著你一直聊天，並且說的都是些無關緊要的閒話，那你會不會繼續和對方聊？如果朋友邀請你去參加一個你不感興趣，還可能會占用你整個晚上的活動，你會不會答應邀請？

這些都是社交，但這些都屬於無效社交。那怎麼分辨有效社交和無效社交呢？

無效社交指的是，對你沒有幫助，無法讓你正在進行的事情得到發展，也無法讓你心情變得愉悅，只是在浪費你的時間的社交。

有效社交指的是，你在這個社交中能夠有所獲，無論是對事情發展的推進，比如獲得資源，了解新的動向，還是對個人的成長有幫助，比如對某些觀點的感悟和思考，或是讓你感覺到心情愉悅，比如可以進行有趣幽默的對話等。這些

都屬於有效社交。

簡單而言，無效社交是浪費時間的交往，有效社交是有收穫的交往。

但有些人是你不願意交往卻一定要交往的，比如難纏的客戶、難搞的上司、孩子的老師。或者還有一些你不想去但必須去的場合等。儘管這些場合的社交會讓你感到不舒服，甚至讓你變得過度謹慎，但這些不得不去參與的社交也屬於有效社交，因為這些社交對你的後續發展是有幫助的。當你要去衡量一個人值不值得交往，衡量一件事情值不值得去做的時候，你就可以利用以上標準進行評估。

4. 社交目標根據社交對象改變

不同的社交對象，當然需要有不同的社交目標。舉個例子：對於客戶，你是想要和他深交，還是只維持一個穩定的合作關係就行？

如果你是要和他深交，那你要做的是什麼？是在各方面對他多有幫助，還是要讓對方了解你這個人有哪些優點？

如果你是想和他維持一個穩定的合作關係，那你是只要和他保持禮節上的往來，還是要考慮到對方會是你的一個重

要資源,而刻意和他深入交往?

無論是什麼樣的對象,你都需要先在心中有一個判斷:我和他／她之間將要發展一種什麼樣的關係,這種關係要控制在什麼程度之內。有了目標,才會有針對目標去實現的方案。

有些人和他人交往是為了得到對方愛的回應,有些人是為了增加資源,有些人是為了把事情做成。無論是什麼目標,透過目標去調整自己和他人交往的「尺度」尤為重要,也就是要把「刺蝟理論」用好。

不過,社交目標也會隨著社交關係的階段變化而變化。舉個例子:早些年你和你家孩子的幼稚園園長的關係較好,這是因為你需要她在學校中盡心照顧你的孩子。但是等到孩子畢業了,你依然與園長保持著良好的關係,那就不是為了孩子在幼稚園得到好的照顧,你此時的社交目標有可能是累積關係資源;又或者這些年你在與園長交往的過程中,覺得園長的性格和你很契合,你們慢慢變成了好朋友、好朋友。這時你們的交往目標又不一樣了。

當你能掌握主動權時,你就能決定你們關係的開始與結束。因此確定社交目標,是你可以掌握主動權的首要條件。這也是社交規則中非常重要的一點。

| Part5　不焦慮不委屈,輕鬆建構高效社交

　　如果你不懂人際交往的規則,那麼最終會受傷和感到挫敗的人只能是你自己。所以,懂些人際交往的規則,會讓你越來越受歡迎,在人際交往中更加如魚得水。

你越「值錢」，你的人際圈子越優質

連任兩屆美國總統的歐巴馬，背後的社交圈資源可謂強大無比，但其中有一個人非常特別，她就是時尚雜誌《Vogue》美國版的主編安娜溫圖（Anna Wintour），英國籍。

溫圖是歐巴馬的堅定支持者，在歐巴馬競選連任的過程中，她不但自掏腰包給歐巴馬捐款，還曾經組織過幾次非常成功的籌款活動，為歐巴馬籌集到了數額巨大的競選資金。此外，她還扮演著類似歐巴馬形象顧問的角色。她邀請了許多設計界的朋友，為歐巴馬量身打造了一批高階配飾。在這些配飾的襯托下，歐巴馬的形象和人氣都得到了大幅提升。

因此，歐巴馬在提名駐英大使的時候，把安娜溫圖的名字也列在了其中。

有一句話講得好，你想知道自己的身價，就去看看你的社交圈吧，你的社交圈就是你的身價。於是有人說，哪怕再窮，也要站在富人堆裡。

當然，這不是讓你真的硬要和富人們站在一起，而是讓你多和能為你帶來資源的人交往。「站在富人堆裡」的意思就是，你要學會提升自身的價值。

> Part5　不焦慮不委屈，輕鬆建構高效社交

可能從外人的角度來看，歐巴馬和安娜溫圖是八竿子打不著的關係，但歐巴馬就是依靠安娜溫圖獲得了大量選舉資金，而安娜溫圖也因為不斷為總統提供支持和幫助，讓自己和他站在了同一個圈子裡，成為和他們一樣的人，甚至被提名為駐英大使。

對於普通人而言，你可能做不到安娜溫圖那麼厲害，那你怎麼做才能讓你和你的「貴人」站在一起呢？你可以嘗試做以下3點。

1. 精進個人專業技能

如果你懂一些你的「貴人」不懂的技術或者知識，那你就有可能成為你的「貴人」的「貴人」，和他站在一起。比如你懂得海報設計，對方不懂，他需要你的幫助，你幫助了他，就獲得了可以和他連繫的機會。這樣在你需要幫助的時候，對方也會有理由助你一把。

當然，你不能僅僅滿足於只比別人多知道一點點，而是需要精益求精。就拿海報設計舉例，假設你只是懂一點修圖技巧，然後做出來的東西奇醜無比，你覺得下一次對方還會繼續用你嗎？只有當你的技術不斷提升時，圍繞著你的圈子

才會不斷跟著更新。

透過提升自己接觸到更多的圈子後,你就可以從互惠互利的角度,去在資源與資源間建立關係。但是,請不要單純以「一方給另一方幫忙」的想法去做這件事情,而需要從雙方的利益角度出發,去幫助雙方實現雙贏或者多贏。

2. 和他人建立信任聯盟

心理學家羅伯特・西奧迪尼提出一個觀點,當你能和別人建立聯盟關係時,你就能夠影響到別人。簡單來說,就是你可以透過給自己和對方打上相同的標籤,然後讓對方覺得你和他是自己人。

一旦你們成為自己人,很多信任和溝通的問題,就解決一大半了。反之,如果沒有建立起信任關係,就會很容易產成衝突,甚至會釀成悲劇。

有兩個人結伴橫穿沙漠,水喝完了,其中一個人因中暑不能行動。另一個人決定自己去尋找水源,臨走前,他把手槍塞到同伴的手裡說:「槍裡有 5 顆子彈,記住,3 個小時後,每小時對空鳴一槍。聽到槍聲,我便會找到正確的方向,然後與你會合。」

兩人分手以後，留下的人開始陷入深深的恐懼，懷疑同伴是否能找到水回來。到應該鳴第五槍的時候，他想：「他可能早已聽不見我的槍聲了，與其被渴死，我還不如自己了結自己……」

隨後，這個人用槍口對準了自己的太陽穴，扣動了扳機。

幾分鐘後，那提著滿壺清水的同伴，領著一隊駱駝商隊尋聲而至。只是，他們看到的是一具屍體。

有時候，由於我們對自己、他人存在著各種不信任，這使我們失去了很多機會。信任是高樓大廈的地基，沒有它的話，人與人之間的關係，只要一遇到強風，就會被吹成一堆散亂的磚瓦。所以，要想擁有一座穩固的大廈，建立信任是至關重要的一環。

那麼，你該如何和他人建立信任聯盟呢？有 3 個你需要知道的細節。

(1) 信守承諾

如果你做出某個承諾卻沒有履行，那沒有什麼比這種做法對信任更有摧毀力了。同樣，也沒有什麼比做出承諾並信守承諾更有利於建立信任了。很多人會忽略一些微不足道的承諾，但如果你連小的承諾都無法遵守，就更別想讓他人相信你會遵守大的承諾了。

(2) 確定期望

不要只是因為稍有不合,就全盤否決對方,因為你們可能只是立場和角度不同,所以對事情的期待不同。你需要和對方溝通協調,以確定你與對方的期望分別是什麼,如何才能取得平衡。這樣才能重新開始進行有效溝通。

(3) 謹言慎行

如果你有在背後議論他人的習慣,那麼聽你議論的人也會懷疑你在背後說他的壞話,從而無法與你建立起信任關係。因此,我們要避免在背後議論他人,要做到謹言慎行。

3. 成為自己最重要的同盟者

《生活、真相及自由》(Life, the Truth, and Being Free)的作者史蒂夫・馬拉波利(Steve Maraboli)說:「你會一直擁有的最強大的人際關係就是你與自己的關係。」

我是一個教心理學的老師,所以在課堂上,我會讓我的學員列出自己的優點。在課堂上,你會很容易感受到大部分人都是迷茫的,不知道出於什麼原因,這些成年人把誇獎自己,變成了一種非常困難的事情。

可換個角度來說,如果你自己都無法表揚自己,看不見

Part5 不焦慮不委屈，輕鬆建構高效社交

自己的優點，又怎麼能指望別人來發現你的優點，並且認可你呢？

如果你覺得發展自己的事業或者人際關係是不可能的事情，那麼即便機會來了，你也會錯失它，因為你不去爭取，也就不會注意到機會。

我在親子繪畫藝術分析的課堂上，向孩子們提問：「會畫畫的同學，請舉手。」孩子們會爭先恐後地舉手。但我再向成年人提問：「請問誰會畫畫，請舉手。」結果，幾乎沒有人舉手。

孩子不會擔心自己是否畫得足夠好，孩子只想知道，今天是用蠟筆畫還是用油畫棒畫？可以用彩色筆嗎？還是隻能用鉛筆？而成年人更多是在想「我畫得不好」。

為什麼你要對自己如此嚴苛？以至於必須要足夠好，才算及格。

造成這樣的原因有很多，但是最重要的原因是，你允許了消極的想法影響你的決策，你為了滿足他人，把別人的重要性放在了自己之上。這在人際關係中，是一種「人尊我卑」的情況。然而，這會讓人覺得你是一個沒有主見、不獨立、喜歡討好他人和過度依賴他人的人，因此難以得到他人的喜歡和尊重。

用一句非常直白的話來說,如果連你自己都不喜歡自己,自己都無法尊重自己,他人又如何會喜歡和尊重你呢?

經常對自己說以下幾句話,可以有效幫助你更好地與自己形成同盟關係,與自己和解。

(1) 我挺好的。
(2) 我的需求合情合理。
(3) 我的存在證明了我的價值。
(4) 我接受自己的行為產生的後果。
(5) 應該、應當和必須都是無關緊要的。
(6) 我能從錯誤中吸取經驗教訓,不自責,不惶恐。
(7) 每個人都發揮出了最高的水準,我也是這樣。

三個方法讓你變得「更值錢」

精進個人技能 | 和他人建立信任聯盟 | 成為自己最重要的同盟者

Part5　不焦慮不委屈，輕鬆建構高效社交

■ 讀懂人心，和誰都能建立好關係

在這個外向型社會中，每個人都希望自己能夠受人歡迎，能夠博得別人的好感。畢竟討人喜歡的人有機會得到更多好處。就連醫院的醫生都更願意與開朗的病人保持聯絡，並督促他們及時到醫院進行複查。

而能快速被他人喜歡，獲得他人好感的方式，就是讓他人對你相見恨晚。俗語說，物以類聚，人以群分。性格、志趣相近的人，總會不自覺地被吸引在一起。要想讓別人對你相見恨晚，這裡有 4 個很好用的讀心術分享給你。

1. 對他人感興趣

哲學家威廉・詹姆斯（William James）說：「人性中最強烈的欲望，便是希望得到他人的敬慕。」這句話的意思是，人人都希望得到別人的關注，如果我們只是過度關注自己，沒有時間和精力去關注別人，那別人也不會關注我們。如果你想讓別人非常喜歡你，那你也需要對別人表達你誠摯的關注。這是美國前總統羅斯福（Franklin Roosevelt）受歡迎的祕

密之一，因為他身邊所有的人，哪怕是他的男僕，都很喜愛他。

羅斯福曾經有一個黑人男僕叫詹姆斯・亞默斯，他寫了一本關於羅斯福的書。在這本書中，亞默斯寫了這樣一個小故事：因為他的太太從來沒有見過鶉鳥，於是總統非常詳細地向她描述了一番。過了一段時間，總統打電話給男僕的太太說：「在妳的窗戶正好有一隻鶉鳥，如果妳現在往外看，可能看得到。」

不僅如此，總統還記住了白宮裡所有人的姓名以及他們的職位和特長。在卸任後再次回到白宮拜訪，他依然能叫出在廚房工作的阿塔納的名字，並且經過園丁和一些工人身旁時，也會和他們打招呼⋯⋯

越是真誠待人，對他人越是關注，越是容易贏得對方的尊重。心理學家阿爾弗雷德・阿德勒（Alfred Adler）曾經說過一句話，一個不關心別人的人，對別人不感興趣的人，他的生活必然會遭受重大的阻礙和困難，同時也會帶給別人極大的損害和困擾。

成功學大師卡內基也說，主動對別人表達興趣和關心，你就會交到更多的好朋友。

2. 認同對方

美國富翁德士特・耶格是世界上成功的商人之一，他說：「你只需要練習向別人說你喜歡從他那裡聽到的事情，並在他們出色做到某件事情後去祝賀他們，告訴他們你是多麼欣賞他們所做的貢獻，這樣就能讓自己變得十分受人歡迎。」

用心挖掘，並且認同別人的成績，會比任何流於表面的甜言蜜語都讓人感覺真誠和受歡迎。

以下有幾個句子，你可以經常使用。

(1) 我了解你的感受

感同身受，是一種極大的認同。

(2) 我非常理解你現在的心情

理解對方，能夠換位思考，是一個人變得成熟的重要象徵。

(3) 你說得很有道理

任何人都希望聽到別人的肯定，這是開啟良好溝通的開始。

(4) 非常感謝你的建議

　　人們都喜歡向自己表達感激之情的人，無人例外。

(5) 我認同你的觀點

　　這句話會讓對方感覺到你是自己人。

(6) 你提了一個很好的問題

　　任何人都喜歡被讚美或被認可，不僅僅是直接表達的認可，換種方式來表達你的認可，也會深受歡迎。

3. 滿足他人的虛榮心

　　澳譽公司近期需要找一家廣告公司合作，因為專案較大，所以有很多家廣告公司在競爭。騰飛廣告也想接下這個專案，所以總經理就親自上門，想看看是否可以把這個專案談下來。

　　見到澳譽的廣告部總監李總，張總一開口就說：「李總，你們的 logo 設計得真的很不錯，不僅看起來簡潔有活力，而且還有一種充滿希望的感覺。越看越覺得它很有內涵呢。」

　　聽到張總的話，原本只是禮節性微笑的李總，笑容真誠

了不少，他很自豪地說：「是嗎？這是公司剛成立的時候，我設計的。」接著李總還很開心地跟張總介紹了自己當時設計這個 logo 的構思、背後的故事以及代表的含義。

毫無懸念，張總的公司最終打敗了其他對手，拿下了澳譽公司的廣告專案。

美國作者馬克吐溫（Mark Twain）講過：「一句讚美我的話，就可以使我活上兩個月。」當然，這只是誇張的說法，但他是在用這樣的方式告訴我們，任何人都有需要被滿足的虛榮心。如果你想打造自己的社交資源圈，要與自己的「貴人」建立深入的連繫，那你就要學會不露痕跡地滿足他的虛榮心，滿足對方的自我成就感。

4. 發現雙方的共同點

美國密西根大學曾經做過一項研究，來參與研究的人，如果能與不認識的人交朋友，就可以免費住宿。研究結束後人們發現，這些參與者們最好的朋友就是和他們最為相似的室友。

心理學家卡爾・羅傑斯（Carl Ransom Rogers）也做過相似的調查研究，發現大部分吸菸、酗酒以及吸食大麻的青少

年的朋友也會有相似的行為習慣。

事實上，建立人際關係最基本的原則就是相似性，共同點會使人們相互吸引、相互喜歡。我們可以用一個詞形容這樣的相似性——同頻道。

德國文豪歌德（Johann Wolfgang von Goethe）出生於權貴之家，才華橫溢。25 歲的他便寫出了轟動歐洲的中篇小說《少年維特的煩惱》（*Die Leiden des jungen Werthers*），並曾擔任威瑪公國要職，主持大政，風光一時無兩。

比歌德小 10 歲的席勒（Egon Schiele）出生於一個貧困家庭。還在學校讀書的席勒，為《少年維特的煩惱》深深傾倒，從此他就開始夢想著結識歌德。他寫了一封熱情洋溢的信給歌德，這封信擊中了歌德的內心，令他感覺遇到了一個知己。從此，兩人開始了友誼之路。

後來的日子裡，年長成熟的歌德給了席勒啟發和指導，而年輕激進的席勒給了歌德新的創作熱情，於是有了著名詩劇《華倫斯坦》（*Wallenstein*）三部曲與經典詩劇《浮士德》（*Faust*）的面世。

席勒早於歌德去世，因家境貧困，遺體被安置於一家教堂的地下室，而當時歌德重病纏身，無力了解詳情。20 年後，人們才發現席勒的遺骸早已混雜在其他幾十具骷髏之

中。年逾 70 歲的歌德憑藉記憶辨認出了他的屍骨,並把他安放在自己家中。之後,80 歲高齡的歌德親自挑選墓地,設計墓穴,為席勒主持葬禮。3 年後,歌德去世,按照他的遺願,他被安葬在了他的好友席勒旁邊。

試問,如果不是因為志趣相投,能達到同頻道共振,當時已經極具名氣的歌德,又怎麼會注意到家境貧寒而且年紀比自己小 10 歲的席勒呢?如果不是因為有著相似的理想和志趣,歌德又怎麼會願意不求回報地支持席勒的文學創作呢?就是因為有著相似的愛好和追求,才使得原本毫不相關的兩人走到了一起,相互成就。

人與人之間,相似的地方其實有很多,你要善於去發現,善於去尋找,並且用這個相似的地方開啟你與他人的話題,這樣你才可以交到更多的朋友。

這就是同頻道的力量。

高情商溝通，讓自己更受歡迎

苦味的藥丸外面裹著糖衣，會讓人先嘗到甜味，這樣苦藥丸就容易被吞下肚子。就像與人溝通，先給對方一些讚揚，然後再說規勸的話，這樣別人就容易接受了。在與人交往時，高情商的溝通方式總是能讓人如沐春風，也會使你更受歡迎。要做到高情商溝通，你需要知道以下4點。

1. 說話注意分寸

小珠和小玲同期進入公司，很快就成了工作上的好搭檔，生活中的好朋友。

小珠喜歡自己在家做飯吃。有一天下班，小珠一邊走一邊給小玲看自己拍的美食照片，小玲讚不絕口。小珠想讓小玲也養成做飯這個好習慣，於是心直口快地對小玲說：「妳就是太懶了，宅在家又不學著做些吃的，這樣能找到男朋友才怪。」

原本小珠是出於好心，但這句話讓小玲感覺非常不舒服，漸漸地，小玲就不再和小珠有更多的來往了，兩個人也越來越疏遠了。

在生活中,很多人都會犯下這樣的錯誤,以為自己什麼都知道,什麼都懂,甚至會覺得「我這樣說,都是為了你好」,卻在不知不覺中觸犯了別人的雷區。

哪怕是善意的提醒或者真誠的勸誡,我們都需要學會委婉表達。每個人都希望被認可、被讚揚,不會有人希望被貶低、被否定。人際交往中,最重要的就是將心比心。人與人的交往永遠是相互的,所以萬事都要有個「度」,哪怕再親近的人,說話也需要注意分寸,懂得尊重,這樣才能贏得對方的好感。

2. 保持熱情

著名作家林語堂先生曾經說過:「冷漠是判斷一個人是否老練和有教養的重要標準。」

越是有教養的人越不冷漠,因為他們懂得,幫助他人就是幫助自己,尊重別人也是尊重自己。給人帶來溫暖,更能展現出一種由內而外的人格魅力。

我有一次偶然聽到兩位女士聊天。

A女士說:「孩子班裡安排了一次週末夏令營,老師抽籤,抽中哪個家長,哪個家長就一起去做義工。好好一個週

末,就這樣泡湯了。」

B女士說:「帶孩子去夏令營多有意思啊,我家孩子的學校要求家長安排時間看孩子自習,其他家長不願意去,我總是主動要求去。後來他班上的很多孩子都認識我,還會跟我打招呼,我家孩子都不知道多自豪。」

A女士很羨慕,連連稱讚。

B女士又說:「其實誰都不傻,你付出了,你對別人好,別人都會記在心裡的。」

當你的樂於助人成為一種習慣,你與周圍人的感情自然而然就會慢慢累積起來,並且逐漸深厚,而當你的人緣越來越好,你的路自然會越來越寬廣。

就像美國脫口秀主持人賴瑞・金（Larry King）所說的:「投入你的感情,表現你對生活的熱情,然後,你就會得到你想要的回報。」

不要讓你的生活只剩下算計與揣測,多一些熱忱與微笑,抱著一顆熱愛生活、善待他人的心,你就會成為自己和他人生命中的暖陽,溫暖了他人,也照亮了自己。

3. 不讓別人感到尷尬

所謂的高情商，其實就是會說話。情商高的人，不會在背後摻和別人的是非，議論別人的長短，更不會諂媚權貴，曲意逢迎。

高情商的人善於營造愉快的交談氣氛，懂得己所不欲勿施於人，懂得顧及他人的感受，也懂得換位思考。就如同「汽車大王」福特（Henry Ford）所說的：「假設有什麼成功祕訣的話，就是設身處地替別人著想，了解別人的態度和觀點。因為這樣不但能讓彼此更順暢地溝通，還能讓我更清楚地了解對方的思維軌跡及其中的『要害點』，從而做到有的放矢，擊中『要害』。」

4. 做好情緒管理

小林為今天的公開發言準備了很久，結果到他發言的時候，幾乎所有的聽眾都在下面聊天、玩手機。小林有點生氣，但是沒有表現出來，反而很風趣地對著臺下各自玩手機的聽眾說：「我一直都很想體驗一次壓軸發言的感覺，今天終於體驗到了，原來帶點酸，也帶點甜，還有一點苦。」

聽到小林的話，大家都很好奇，紛紛放下了自己的手機，想知道為什麼。

小林笑了笑說：「酸是因為我發現，我在跟你們的手機吃醋，甜是我終於體會到了壓軸的感覺，苦就是我發現自己的咖位不夠，壓不住，所以只能繼續吃大家手機的醋。」

聽了小林的話，大家哄堂大笑，紛紛放下了自己的手機，開始認真聽小林發言。

哲學家法蘭西斯・培根（Francis Bacon）先生曾說過：「對於一個人的評價，不可視其財富身分，更不可視其學問高下，而是要看其真實的品德。」一個有教養、高層次、高情商的人，懂得善待他人、寬厚待人，即便生氣，也依然會控制自己的情緒，保持對人的基本禮貌，也懂得尊重不同人的處事方式。

但在生活中，很多人總是忍不住發脾氣，可能是因別人的過錯而生氣，也可能是因自己的無能而憤怒，又或者是對失意人生的焦慮。越是低層次、低情商的人，越是看什麼都不順眼，脾氣暴躁，到處抱怨，因為他們只能靠發洩自己的壞情緒來表達自己的不滿，最終成為讓人生厭的人。

無論如何，好的關係需要用心經營。懂得互相尊重，關

係才能經得起考驗,才能讓雙方獲益。而能控制自己情緒的人,能使彼此的關係變得更和諧、舒服和穩定,進而掌控人生,步向成功。

　　但願你也能掌控自己的人生,邁向成功的未來。

國家圖書館出版品預行編目資料

人脈致勝，發掘人際關係中的無限商機：自信面對每次交流，建立深層連結，讓每段關係都成為成功的助力 / 龍梓煊,周冰冰 著. -- 第一版. -- 臺北市：崧燁文化事業有限公司 , 2024.08
面；　公分
POD 版
ISBN 978-626-394-680-4(平裝)
1.CST: 人際關係 2.CST: 社交技巧 3.CST: 成功法
177.3　　113011726

人脈致勝，發掘人際關係中的無限商機：自信面對每次交流，建立深層連結，讓每段關係都成為成功的助力

作　　者：龍梓煊，周冰冰
責任編輯：高惠娟
發 行 人：黃振庭
出 版 者：崧燁文化事業有限公司
發 行 者：崧燁文化事業有限公司
E - m a i l：sonbookservice@gmail.com
粉 絲 頁：https://www.facebook.com/sonbookss/
網　　址：https://sonbook.net/
地　　址：台北市中正區重慶南路一段 61 號 8 樓
8F., No.61, Sec. 1, Chongqing S. Rd., Zhongzheng Dist., Taipei City 100, Taiwan
電　　話：(02) 2370-3310　　傳　　真：(02) 2388-1990
印　　刷：京峯數位服務有限公司
律師顧問：廣華律師事務所 張珮琦律師

-版權聲明

本書版權為樂律文化所有授權崧燁文化事業有限公司獨家發行電子書及紙本書。若有其他相關權利及授權需求請與本公司聯繫。

未經書面許可，不得複製、發行。

定　　價：299 元
發行日期：2024 年 08 月第一版
◎本書以 POD 印製
Design Assets from Freepik.com